Libro de cocina
FÁCIL Y RÁPIDA de
El ESTUDIO
de CHINA

Si este libro le ha interesado y desea que lo mantengamos
informado de nuestras publicaciones, puede escribirnos a
comunicacion@editorialsirio.com,
o bien suscribirse a nuestro boletín de novedades en:
www.editorialsirio.com

Título original: The China Study Quick & Easy Cookbook
Traducido del inglés por Pedro Ruíz de Luna González
Diseño de portada: Editorial Sirio, S.A.

©   de la edición original
     2015, Del Sroufe
     Publicado por primera vez en Estados Unidos por BenBella Books

©   del prólogo
     Thomas M. Campbell

©   de la presente edición
     EDITORIAL SIRIO, S.A.

EDITORIAL SIRIO, S.A.
C/ Rosa de los Vientos, 64
Pol. Ind. El Viso
29006-Málaga
España

NIRVANA LIBROS S.A. DE C.V.
Camino a Minas, 501
Bodega nº 8,
Col. Lomas de Becerra
Del.: Alvaro Obregón
México D.F., 01280

DISTRIBUCIONES DEL FUTURO
Paseo Colón 221, piso 6
C1063ACC
Buenos Aires
(Argentina)

www.editorialsirio.com
sirio@editorialsirio.com

I.S.B.N.: 978-84-16579-15-0
Depósito Legal: MA-1227-2016

Impreso en Imagraf Impresores, S. A.
c/ Nabucco, 14 D - Pol. Alameda
29006 - Málaga

Impreso en España

Puedes seguirnos en Facebook, Twitter, YouTube e Instagram.

ROUFE

r Knives: The Cookbook

New York Times bestseller

Libro de cocina
FÁCIL Y RÁPIDA de
El ESTUDIO
de CHINA

Prólogo del doctor THOMAS M. CAMPBELL II,
coautor de *El estudio de China*

Revisado por la doctora LEANNE CAMPBELL,
autora de *El libro de cocina de El Estudio de China*

EDITORIAL
SIRIO

PRÓLOGO

Cuando publicamos *El Estudio de China* a principios de 2005, ni mi padre ni yo teníamos muchas expectativas. Nos resultó difícil lograr que el manuscrito se publicara, ya que nos habían dicho que el libro tenía que estar formado por un cincuenta por ciento de recetas y planes de menús. Incluso me sugirieron que incluyésemos una dieta diferente para cada una de las distintas enfermedades de las que hablamos, de cara a crear algo atractivo y con más gancho para los lectores. Al final, tuvimos la suerte de encontrar un socio en libros BenBella, editores de Texas, que pensaba de manera independiente y que se alejaba mucho de las grandes editoriales, que parecían encerradas en formulismos y en cosas aparentemente seguras.

Volviendo la mirada atrás a ese difícil comienzo de hace ya más de diez años, presento con enorme gratitud el tercer libro de cocina basado en *El Estudio de China*. Estoy agradecido a todos los lectores que han compartido sus experiencias y comentarios acerca de cómo ha contribuido *El Estudio de China* a mejorar su propia salud y su curación. Resulta que la gente quiere información inteligente y con base científica para mejorar su vida; no solamente vivir más tiempo, sino mejorar su salud y su felicidad también a corto plazo. Esto es lo que una dieta y un estilo de vida sano pueden lograr. A largo plazo, tomar conjuntamente las mejores decisiones respecto a alimentación y actividad física es lo mejor que se puede hacer por nuestra salud.

Hoy día, como médico de familia en activo, dedico mucho tiempo a ayudar a los pacientes a mejorar su salud, en gran medida, transmitiendo los fundamentos científicos de la dieta de alimentos integrales basados en plantas. Como director del Centro T. Colin Campbell para el Estudio de la Nutrición, continúo promocionando el conocimiento científico de la dieta óptima. Aunque la ciencia avala la teoría, la aplicación práctica de la dieta de alimentos integrales basados en plantas es igual de importante. Cuando escribimos *El Estudio de China*, quisimos profundizar ampliamente en los factores científicos y socioeconómicos que envuelven a la nutrición óptima, y no nos pareció que pudiésemos hacerle justicia a la información práctica en el mismo libro. Nos resistimos a esos intentos iniciales de incluir en el libro recetas y planes de menús, ya que sabíamos que otras personas podrían cubrir esos aspectos prácticos de la dieta mucho mejor que nosotros. El chef Del es una de esas personas.

Del es un chef —dentro de ese pequeño puñado de chefs de los Estados Unidos que han ido más allá de los aceites y de los alimentos precocinados— que promueve recetas saludables y que siguen siendo sabrosas, prácticas y fáciles. Experimentó en primera persona una mala salud, ya que la dieta vegana que practicaba era rica en alimentos procesados, pero logró superar sus dificultades y recuperar la salud cambiando a una dieta basada en alimentos integrales provenientes de plantas. Ha estado cocinando alimentos saludables para la gente día tras día durante muchos años, como parte de programas de bienestar, y creó la maravillosa colección de recetas que se puede encontrar en sus libros *Better Than Vegan* y *Forks Over Knives: The Cookbook*.

Las recetas del chef Del en este tercer libro de cocina de *El Estudio de China* son especialmente útiles para destacar lo fácil y práctico que es seguir una dieta óptima. Muy poca gente tiene el deseo y el tiempo de cocinar alimentos todo el día: necesitamos algo rápido que no sacrifique el sabor ni la salud. En nuestro tóxico entorno alimentario, compuesto de supermercados de alimentación que te saludan al entrar con estantes repletos de cereales azucarados y contenedores gigantes de caramelos, encontrar alimentos que sean rápidos de preparar, sabrosos y saludables parece que fuera un objetivo escurridizo, casi místico; pero con el libro que tienes en las manos eso es algo fácil de realizar.

Una vez que se valora el poder que tiene la dieta de alimentos integrales basados en plantas, es fácil pensar que los chefs que allanan el camino hacia una alimentación más saludable sean verdaderos sanadores. Dado su impresionante currículum personal, el chef Del ha sido un maestro sanador desde hace ya muchos años, y espero que las recetas de este libro preparen el camino a una nueva salud para ti y para tu familia. Quizá no exista un libro más potente sobre «cómo hacer» una dieta que este excelente libro de cocina. Disfruta, cuídate y ¡buena suerte!

THOMAS M. CAMPBELL II,
doctor en medicina,
coautor de *El Estudio de China*,
autor de *The Campbell Plan*

INTRODUCCIÓN

Cuando yo era niño, mi madre, que estaba divorciada y trabajaba, se las arreglaba siempre para poner la cena en la mesa. Trabajar en un empleo a tiempo completo significaba que salía de casa a las siete de la mañana y no regresaba hasta casi las seis de la tarde. Para poner la cena en la mesa a una hora decente tenía que tener un plan. A veces el plan consistía en comidas rápidas y fáciles de preparar, como unas hamburguesas o unas salchichas con pimiento y cebolla. Frecuentemente preparaba dos comidas diferentes a la vez: un plato fácil y rápido para esa noche y algo más complejo, como pavo asado, para las noches siguientes. Era toda una maestra en partir de un plato y utilizarlo de muchas maneras, de modo que no comiésemos sobras todo el rato. Por ejemplo, ese pavo asado nos lo comeríamos recién hecho con verduras salteadas y arroz, y luego, la noche siguiente, se utilizaban las sobras para hacer *pavo a la King*. El pastel de carne sin cocinar se dividía frecuentemente en dos: una de las partes se cocinaba como tal y el resto se transformaba en espagueti y albóndigas. Viéndola entre todas aquellas comidas increíbles, yo creía que mi madre tenía poderes mágicos. Yo quería tener esos mismos poderes, de modo que empecé a cocinar y a hacer lo que mamá hacía.

Cuando abrí mi local en el Wellness Forum Foods con mi socia Pam Popper en 2006, como sede para mi servicio de entregas a domicilio, cocina de cátering y centro de elaboración de la gran variedad de productos que se vendían en el Wellness Forum, utilicé los mismos principios para hacer que mis menús fuesen atractivos. Nuestro *tofu asado con jengibre y sirope de arce* se emplea para preparar tres o cuatro clases diferentes de empanadillas, así como nuestro *cuenco zen* y, a veces, hasta nuestros *bocadillos calientes de «carne» picada con salsas*. La receta de mi *tofu asado* favorito se vende tal cual, con salsa barbacoa, y luego se añade con frecuencia a varios platos especiales que elaboramos regularmente, como el *tofu cazadora*, el *tofu criolla* y las enchiladas.

Esta filosofía de recetas multiusos es, en parte, lo que me ha motivado para escribir este libro de cocina. Conforme me esfuerzo en cuidar de mi propia salud, en mi mesa quiero alimentos integrales basados en plantas, bajos en grasa. Aunque disfruto creando (y comiendo) recetas más elaboradas, también llego a casa por la noche y me apetece una cena saludable y rápida. Y aunque los tiempos están cambiando, todavía puedo llamar a alguno de los restaurantes de

mi localidad y hacer que me envíen a casa un revuelto sin aceite

El plan básico de mi alimentación es muy sencillo. Los sábados establezco qué quiero comer la semana siguiente. A veces tengo en marcha una lista de platos que quiero probar, o de alimentos que me apetecen. Miro también mi calendario para ver cuántas comidas voy a necesitar para la semana. No es buena idea preparar veintiuna comidas si solamente necesito catorce de ellas. Por lo general, dejo libres los fines de semana para salir a comer fuera o disfrutar de las sobras.

Así pues, después de todas mis consideraciones, decido qué quiero hacer y cómo lo utilizaré. Casi todo lo que preparo me sirve al menos para dos platos diferentes. Por ejemplo, la *salsa de cacahuete* va con la *pizza a la tailandesa* y también en la *empanadilla de verduras con arroz*. El arroz integral es un producto básico que se usa en muchos platos, tanto para el desayuno como para picotear por la noche. Una vez que he terminado con el menú de la semana, lo compruebo para asegurarme de que tengo todo lo necesario en la despensa. Mantener la despensa bien provista significa que no tengo que hacer viajes inesperados y sin planificación a la tienda. Si me falta algún ingrediente concreto, lo añado a la lista de la compra para conseguirlo en un solo viaje práctico.

Por último, con mi menú planeado y los ingredientes listos, miro las recetas para ver cuánto tendré que cocinar por adelantado y qué se acabará durante la semana. Por ejemplo, la *salsa para revueltos* se prepara el domingo, pero no la utilizaré en un revuelto hasta la noche que tengo planeada para ello. Esta es una buena manera de preparar comidas fácilmente para toda la semana, así que te recomiendo que pruebes con métodos parecidos, si es que, como yo, quieres comer sano sin sacrificar ni la variedad ni el tiempo.

Para adoptar mi estrategia «cocina una vez, come toda la semana» te sugiero que elabores un plan similar al que te he mencionado. Echa un vistazo a las recetas de este libro: son una combinación de platos fáciles de preparar y que pueden usarse de muchas maneras. Estas son las recetas que me mantienen por buen camino conforme prosigo mi estilo de vida saludable basado en plantas y que me permiten disfrutar de comidas deliciosas que no sean difíciles de preparar.

Podrás tener listas la mayoría de ellas en menos de treinta minutos. Muchas recetas básicas se utilizan también en varios otros platos del libro. Una vez que te hayas acostumbrado a ellas y hayas preparado unas cuantas, es posible que tengas tus ideas propias sobre cómo utilizar estas recetas en *tus* platos favoritos.

Cuando te decidas por las recetas que te gustaría preparar, puedes empezar a planear tu menú de la semana. Haz una lista de la compra y comprueba tu despensa para asegurarte de que tienes todo lo que necesitas para preparar los platos que hayas elegido. De esta manera solamente tendrás que ir una vez a la tienda y no tres o cuatro, cosa que yo he tenido que hacer cuando no estaba preparado. Para tu comodidad, todas las muestras de planes que te proporciono incluyen una lista de la compra de artículos alimenticios adicionales para cada semana, y he añadido también una lista general de la despensa para ayudarte a almacenar todos los ingredientes que necesites para elaborar las recetas de este libro.

Todo lo que necesitas para comer saludablemente sin pasarte el día entero en la cocina, incluso sin tener que estar a diario en ella, se encuentra aquí, a tu alcance. Espero que veas que cocinar de esta manera hace que la vida sea más fácil y que hace que comer sano sea divertido.

Chef Del

EJEMPLOS DE PLANES DE MENÚS

PLAN DE MENÚS I

Este plan de menús es para los hogares de una o dos a las que no les importen las sobras. Es ideal para verano, cuando puedes recoger albahaca fresca del jardín y el maíz está recién cosechado del campo. La mayoría de estas recetas es para cuatro raciones. Ten a mano verduras de hoja mezcladas para las ensaladas y tus guarniciones listas para añadírselas a lo largo de la semana. Para estos menús necesitarás las recetas de la lista que te muestro a continuación, así como los artículos de la lista de ingredientes adicionales. Mira la lista de la despensa en la página 27 para ver los artículos que deberías tener siempre a mano.

Hazlo fácil: prepara tu ensalada en un cuenco grande al principio de la semana y ve añadiendo el aliño en el momento de servirla.

RECETAS

Sopa de maíz, tomate y albahaca fresca (pág. 169)

Hamburguesas del suroeste (pág. 131)

Vinagreta para todo (pág. 50) x 2

Hummus de pesto de albahaca (pág. 79)

Tacos de falafel (pág. 211)

Falafel (pág. 88)

Salsa verde (pág. 58)

Muesli de manzana (pág. 40)

Penne con salsa de maíz y tomate a las finas hierbas (pág. 142)

Salsa de tomate, maíz y finas hierbas (pág. 64) x 2

Tostadas (pág. 213)

LISTA DE INGREDIENTES ADICIONALES

2 plátanos

2 o 3 manzanas grandes

4 ½ tazas de albahaca fresca

4 tomates grandes

1 tarro pequeño de salsa

2 aguacates maduros

4 cebollas rojas

1 manojo pequeño de cebolleta

1 limón

1 manojo pequeño de perejil fresco

1 manojo grande de cilantro fresco

1 pimiento jalapeño (picante, similar a los de Padrón)

1 pepino

2 tazas de tomates cherry

1½ taza de brotes de alfalfa

½ kilo de verduras de hoja mezcladas

1 lechuga romana

LUNES

DESAYUNO

Muesli de manzana, con manzana recién troceada y leche vegetal sin edulcorantes.

ALMUERZO

Sopa de maíz, tomate y albahaca fresca.
Ensalada variada con tomates cherry, rodajas de pepino, rodajas de cebolla roja y garbanzos cocidos, con *vinagreta para todo.*

CENA

Hamburguesas del suroeste.
Ensalada verde variada con tomates cherry, rodajas de pepino, rodajas de cebolla roja y garbanzos cocidos, con *vinagreta para todo.*

MARTES

DESAYUNO

Muesli de manzana, con manzana recién troceada y leche vegetal sin edulcorantes.

ALMUERZO

Sobrantes de *hamburguesas del suroeste*.
Ensalada variada con tomates cherry, rodajas de pepino, rodajas de cebolla roja y garbanzos cocidos, con *vinagreta para todo*.

CENA

Tacos de falafel.
Ensalada verde variada con tomates cherry, rodajas de pepino, rodajas de cebolla roja y garbanzos cocidos, con *vinagreta para todo*.

MIÉRCOLES

DESAYUNO

Muesli de manzana con rodajas de plátano, dátiles troceados y leche vegetal sin edulcorantes.

ALMUERZO

Empanadilla de *hummus de pesto de albahaca* con brotes de alfalfa y pepino en rodajas.
Ensalada verde variada con tomates cherry, rodajas de pepino, rodajas de cebolla roja y garbanzos cocidos, con *vinagreta para todo*.

CENA

Tostadas.
Ensalada verde variada con tomates cherry, rodajas de pepino, rodajas de cebolla roja y garbanzos cocidos, con *vinagreta para todo*.

JUEVES

DESAYUNO

Muesli de manzana con rodajas de plátano, dátiles troceados y leche vegetal sin edulcorantes.

ALMUERZO

Sobrantes de la *sopa de maíz, tomate y albahaca fresca.*

Ensalada verde variada con tomates cherry, rodajas de pepino, rodajas de cebolla roja y garbanzos cocidos, con *vinagreta para todo.*

CENA

Penne con salsa de maíz y tomate a las finas hierbas.

Ensalada verde variada con tomates cherry, rodajas de pepino, rodajas de cebolla roja y garbanzos cocidos, con *vinagreta para todo.*

VIERNES

DESAYUNO

Muesli de manzana, con manzana recién troceada, dátiles troceados y leche vegetal sin edulcorantes.

ALMUERZO

Sobrantes del *penne con salsa de maíz y tomate a las finas hierbas.*

CENA

Tacos de falafel

Ensalada verde variada con tomates cherry, rodajas de pepino, rodajas de cebolla roja y garbanzos cocidos, con *vinagreta para todo.*

PLAN DE MENÚS II

La clave para ahorrar tiempo en la cocina es preparar algunas cosas básicas, como la *salsa de cacahuetes casi instantánea* o la *parrillada de setas*, para propósitos diferentes y utilizarlas en varias recetas para conseguir variedad sin mucho esfuerzo. Elaborar dos lotes de recetas y emplearlos luego de muchas maneras diferentes es una forma de librarse de comer demasiadas sobras durante la semana.

Me gusta cocinar una gran cazuela de quinoa o de arroz integral una vez a la semana para usarla en recetas los siguientes días y para tener platos de acompañamiento o revueltos improvisados. Los cereales cocidos, como el arroz o la quinoa, sirven como comidas más sencillas. A veces resulta muy útil el arroz integral calentado con leche de almendras, un pellizco de canela y pasas o dátiles como desayuno rápido. Todas las semanas elaboro también *salsa de dátiles y soja salteados*, de manera que pueda disponer de un salteado de arroz y verduras como comida improvisada.

Al principio de la semana hago algunos aliños para ensaladas y compro verduras frescas de hoja, de modo que siempre tenga alternativas de ensaladas saludables. También tengo a mano siempre mis ingredientes para ensaladas favoritos: tomates cherry, garbanzos cocidos, pasas, rodajas de cebolleta, etc.

Para estos menús necesitarás las recetas de la lista que te muestro más adelante, así como los artículos de la lista de ingredientes adicionales. Mira la lista de la despensa en la página 27 para ver los artículos que siempre deberías tener disponibles.

Hazlo fácil: el domingo pon juntos todos los ingredientes de las recetas, como los *tacos de setas*, las parrilladas y los burritos, y luego mézclalos conforme los vayas necesitando a lo largo de la semana; de esta manera los disfrutarás frescos.

RECETAS

Sopa asiática de fideos (pág. 172) x 2

Ensalada de judías y cereales (pág. 109)

Paté de judías blancas y miso (pág. 83) x 2

Pasta con verduras y paté de judías blancas y miso (pág. 150)

Salsa de cacahuetes casi instantánea (pág. 57)

Hamburguesas de setas portobello (pág. 130)

Ensalada de espinaca fresca (pág. 94) x 2

Vinagreta para todo (pág. 50)

Tacos de setas (pág. 212)

Parrillada de setas (pág. 202) x 2

Burritos de setas a la parrilla (pág. 129)

Muesli (pág. 39) (prepara un lote doble si en tu casa hay tres o cuatro personas)

LISTA DE INGREDIENTES ADICIONALES

Leche vegetal

Fruta fresca

4 manojos de espinacas frescas (unas 16 tazas)

1 cabeza pequeña de col china

1 paquete de 250 gr de setas shiitake

2 pimientos morrones rojos

2 manojos de cebolleta

2 tazas de finas hierbas frescas (albahaca, cilantro, menta o estragón)

1½ taza de brotes de alfalfa

2 tazas de verduras de hoja variadas para ensaladas

LUNES

DESAYUNO

Muesli con leche vegetal y fruta fresca.

ALMUERZO

Brotes de alfalfa y empanadilla de verduras de hoja variadas, con *paté de judías blancas y miso.*

CENA

Pasta con verduras y paté de judías blancas y miso.

Ensalada de espinaca fresca.

MARTES

DESAYUNO

Muesli con leche vegetal y fruta fresca.

ALMUERZO

Sopa asiática de fideos.
Ensalada de espinaca
fresca.

CENA

Tacos de setas.
Ensalada de espinaca
fresca.

MIÉRCOLES

DESAYUNO

Muesli con leche vegetal y fruta fresca.

ALMUERZO

Brotes de alfalfa y em-
panadilla de verduras
de hoja variadas, con
paté de judías blancas y
miso.

CENA

Burrito de setas a la parri-
lla.
Ensalada verde varia-
da con vinagreta para
todo.

JUEVES

DESAYUNO

Muesli con leche vegetal y fruta fresca.

ALMUERZO

Ensalada de judías y ce-
reales servida sobre
lecho de verduras de
hoja variadas.

CENA

Sopa asiática de fideos.
Ensalada verde varia-
da con vinagreta para
todo.

VIERNES

DESAYUNO

Muesli con leche vegetal y fruta fresca.

ALMUERZO

Pasta con verduras y paté de
judías blancas y miso.

CENA

Hamburguesa de setas por-
tobello.
Ensalada verde varia-
da con vinagreta para
todo.

PLAN DE MENÚS III

Este es un buen plan de menús para los amantes de los salteados. Los salteados son algunas de mis comidas preferidas, especialmente porque se preparan muy rápidamente una vez que se tiene todo dispuesto. Se puede variar de verduras a lo largo de la semana y utilizar arroz o quinoa hervidos para acompañarlas. También uso los salteados sobrantes para hacer un burrito que me llevo para el almuerzo. Y elaboro más cantidad de *salsa verde* para ponérsela al burrito: ¡delicioso!

La mayoría de los días preparo un batido para desayunar; solamente cuesta cinco minutos hacerlo. Varío las frutas todos los días y siempre tengo a mano un buen surtido de frutas congeladas. Aunque los bollitos son un premio ocasional, es una excelente idea tenerlos a mano cuando se prepara un batido.

Para estos menús necesitarás las recetas de la lista que te ofrezco a continuación, así como los artículos de la lista de ingredientes adicionales. Mira la lista de la despensa, en la página 27, para ver los artículos que siempre deberías tener a mano.

Hazlo fácil: mantén a mano *la salsa de dátiles y soja salteados.*

Prepara un lote doble de *aliño de naranja y miso para ensalada* y añádelo a la *ensalada de manzana, higo y rúcula.*

Si el tiempo es un problema, prepara quinoa en lugar de arroz integral para utilizarla en los revueltos y el *cuenco de falafel.* Solo se tarda quince minutos en cocinarla, en lugar de los cuarenta y cinco minutos del arroz.

Se puede comprar también ajo en polvo: una cucharadita equivale a un diente.

RECETAS

Bollitos de harina de maíz y arándanos (pág. 46)

Salteado de brécol, pimiento rojo y arroz integral (pág. 189)

Salsa de dátiles y soja salteados (pág. 67) x 2

Cuenco de falafel (pág. 208)

Salsa verde (pág. 58)

Tacos de falafel (pág. 211)

Falafel (pág. 88)

Ensalada de manzana, higo y rúcula (pág. 95)

Vinagreta para todo (pág. 50) x 2

Ensalada lujosa de garbanzos (pág. 114)

Mayonesa básica (pág. 59)

Ensalada de col rizada con aliño de naranja y miso (pág. 98)

Aliño de naranja y miso para ensalada (pág. 54)

Fideos con almendras (pág. 139)

LISTA DE INGREDIENTES ADICIONALES

1 manojo de plátanos

2 manzanas grandes para los bollitos

1 lechuga grande de hojas verdes o rojas, para los bocadillos

2 tazas de brotes de alfalfa

2 pimientos morrones rojos

2 tazas de brotes de judías mungo, para el salteado

Rúcula fresca

2 manzanas Fuji grandes

2 manojos de col rizada fresca

2 manojos de cilantro fresco

Verduras de hoja mezcladas

1 tomate grande

250 gr de espárragos frescos

1 paquete de 250 gr de setas laminadas

1 diente de ajo

1 manojo pequeño de perejil fresco

6 higos secos

1 naranja grande

Pan armenio *lavash* de harina integral

LUNES

DESAYUNO

Bollitos de harina de maíz y arándanos.

ALMUERZO

Bocadillo de ensalada de garbanzos en pan integral con lechuga y brotes.

Ensalada de col rizada con aliño de naranja y miso.

CENA

Salteado de brécol, pimiento rojo y arroz integral.

MARTES

DESAYUNO

Bollitos de harina de maíz y arándanos.

ALMUERZO

Cuenco de falafel.

Ensalada de col rizada con aliño de naranja y miso.

CENA

Salteado de brécol, pimiento rojo y arroz integral.

Ensalada de manzana, higo y rúcula.

MIÉRCOLES

DESAYUNO

Batido.

ALMUERZO

Empanadillas de sobrantes del salteado.

Ensalada de manzana, higo y rúcula.

CENA

Salteado de brécol, pimiento rojo y arroz integral.

Ensalada de verduras de hoja mezcladas con aliño de naranja y miso.

JUEVES

DESAYUNO
Batido.

ALMUERZO
Empanadillas de sobrantes del salteado.

CENA
Fideos con almendras sobre verduras de hoja variadas.

VIERNES

DESAYUNO
Batido.

ALMUERZO
Fideos con almendras sobre verduras de hoja variadas.

CENA
Tacos de falafel.

LISTA DE LA DESPENSA

Bicarbonato sódico

Caldo de verduras

Cereales: cebada, arroz integral, bulgur, harina de maíz, avena de cocción rápida, quinoa, copos de avena, centeno.

Condimentos: sirope de arroz integral, alcaparras, pimientos ahumados en escabeche, mostaza de Dijon, Aminos (complemento de aminoácidos) líquido, sirope de arce, salsa marinara, pasta de miso, aceitunas en escabeche, pepinillos en escabeche, pepinillos rebanados, salsa picante roja, salsa de soja o tamari, tofu sedoso, levadura nutricional.

Frutas (frescas o congeladas): manzanas, plátanos, arándanos, higos, limones, limas, mangos, naranjas, melocotones, peras, piñas, fresas, tomates, sandías.

Frutas (deshidratadas): manzanas, albaricoques, cocos (triturados), dátiles, pasas.

Frutas y verduras enlatadas: puré/compota de manzana, corazones de alcachofa, tomates troceados, mandarinas, pimientos rojos asados, puré de boniato, tomates secos, pasta de tomate y salsa de tomate.

Frutos secos y semillas: almendras, anacardos, nueces de pecán, piñones, pipas de girasol, semillas de sésamo, nueces.

Harina para hojaldre (integral)

Hierbas y especias: pimienta inglesa molida, pimienta negra molida, comino molido, chile ancho (pimiento poblano) en polvo, albahaca fresca y seca, hojas secas de laurel, pimienta de cayena, cebolleta fresca, cilantro molido, canela molida, dientes de ajo molidos, cacao sin endulzar, curry en polvo, eneldo fresco y seco, mostaza en polvo, nuez moscada molida, cúrcuma molida, cebolla granulada, orégano seco, pimentón dulce, perejil fresco, copos de pimiento morrón, romero seco, azafrán, salvia seca, cebolleta, sal marina, anís estrellado, estragón seco, tomillo seco, cúrcuma molida, extracto de vainilla.

Judías y legumbres (enlatadas y secas): judías azuki, judías negras, judías de ojo negro, judías cannellini (blancas), judías blancas, judías pintas, garbanzos, lentejas rojas, judías fritas.

Leche de coco ligera

Leche vegetal sin edulcorar: leche de almendras, leche de arroz, leche de soja.

Levadura en polvo

Mantecas de frutos secos: almendra, anacardo, cacahuete, tahini.

Panecillos (harina integral): de hamburguesa, francés y de bocadillo.

Pasta (harina integral): fettuccini, fusilli, lingüini, macarrones, penne, rotini, espagueti.

Pasta tailandesa de curry rojo

Tortitas: tortas de maíz, tortas de harina integral.

Verduras (frescas o congeladas): rúcula, aguacates, pimientos morrones, col china, brécol, zanahorias, coliflor, apio, acelga, maíz, edamame (vainas inmaduras de soja), berenjenas, ajo, guisantes, pimientos picantes, col rizada, remolachas, lechuga, setas, cebollas, pimientos poblanos, patatas, chiles serranos, mezcla para ensalada de col, espinacas, boniatos, verduras variadas, chalotes (cebollas escalonias), brotes, calabacines.

Vinagres: vinagre de sidra de manzana, vinagre balsámico, vinagre de vino tinto, vinagre de vino de arroz, vinagre de vino blanco.

Zumo de limón embotellado

RECETAS

DESAYUNO

MUESLI DE MANZANA, PÁG. 40

Batido de plátano y piña 33

Batido cremoso de fresa 34

Batido de melocotón y mango 37

Batido de pan de plátano 38

Muesli 39

Muesli de manzana 40

Polenta fácil y cremosa 42

Barritas para desayuno de avena y pasas 43

Bollitos de pastel de boniato 44

Bollitos de manzana fresca 46

Pudin de arroz 47

BATIDO DE PLÁTANO Y PIÑA

PARA 1 RACIÓN

Generalmente, mi primera comida del día es un batido, y a veces mi comida entre horas a media mañana puede ser otro batido si tengo prisa. Varío los sabores cambiando las frutas. Esta receta, y las pocas que le siguen, son algunas de mis preferidas para batidos.

½ taza de leche vegetal sin edulcorar
   (añadir más si se necesita)
1 plátano grande, maduro, en rodajas
1 ½ taza de trozos de piña congelados

½ taza de dátiles sin semilla o de *puré de dátil en dos minutos* (pág. 68)
2 cucharaditas de zumo de limón (optativo)

1. Mezclar todo en una batidora y trabajarlo hasta que esté suave y cremoso. Añadir más leche según sea necesario para conseguir una consistencia que se pueda verter.

HAZLO FÁCIL

Guardo los trozos de piña y de otras frutas en el congelador, de manera que pueda preparar y tener listo este desayuno rápido en un momento. Si se utiliza piña fresca, batir una taza de trozos de piña con 3 cubitos de hielo.

BATIDO CREMOSO DE FRESA

PARA 1 RACIÓN 🍎

Las fresas y el extracto de vainilla de esta receta hacen que el batido sepa a helado de fresa. Por variarlo un poco, se puede intentar con extracto de almendra.

1 taza de leche vegetal sin edulcorar (añadir más si se necesita)

1 ½ taza de fresas congeladas

¾ de taza de dátiles deshuesados, o al gusto

½ cucharadita de extracto de vainilla

1. Mezclar todo en una batidora y trabajarlo hasta que esté suave y cremoso. Añadir más leche según sea necesario para conseguir una consistencia que se pueda verter.

BATIDO DE MELOCOTÓN Y MANGO

PARA 1 RACIÓN

En mi pueblo no se pueden encontrar nunca melocotones que crezcan al lado de los mangos, pero saben estupendamente juntos en un batido.

¾ de taza de rodajas de melocotón congeladas

1 taza de trozos de mango congelados

1 taza de leche vegetal sin edulcorar (añadir más si se necesita)

1 taza de dátiles deshuesados, o al gusto

2 cucharadas de zumo de limón

1. Mezclar todo en una batidora y trabajarlo hasta que esté suave y cremoso. Añadir más leche según sea necesario para conseguir una consistencia que se pueda verter.

BATIDO DE PAN DE PLÁTANO

PARA 1 RACIÓN 🍎

La canela, la nuez moscada y el extracto de vainilla le dan realmente a este batido el sabor de pan de plátano, así que no los olvides. Los batidos son como un desayuno instantáneo. Mantén los ingredientes a mano, ten el desayuno listo en menos de cinco minutos y no pongas más excusas para saltártelo.

2 plátanos maduros
1 taza de leche vegetal sin edulcorar (aña-
    dir más si se necesita)
1 taza de hielo

2 cucharadas de sirope de arce o ¼ de
    taza de dátiles deshuesados
Un pellizco de canela molida
Un pellizco de nuez moscada molida
¼ de taza de extracto de vainilla

1. Mezclar todo en una batidora y trabajarlo hasta que esté suave y cremoso. Añadir más leche según sea necesario para conseguir una consistencia que se pueda verter.

MUESLI

PARA 4 RACIONES DE 1 TAZA

El muesli es un desayuno de cereales hecho de copos de avena, fruta fresca y deshidratada, frutos secos, semillas y, a veces, otros cereales. Es fácil de preparar y estupendo para tenerlo a mano, ya que se mantiene bien en un recipiente hermético. Prueba a añadir fruta fresca troceada y leche vegetal sin edulcorar.

3 tazas de copos de avena o de otro cereal en copos, como el centeno o la cebada
1 taza de fruta deshidratada troceada (pasas, albaricoques, higos, dátiles, manzanas, etc.)

½ taza de frutos secos o semillas, troceados (nueces, nueces de pecán, anacardos, almendras, pipas de girasol, semillas de sésamo, etc.)

1. Precalentar el horno a 180º.
2. Colocar la avena o los cereales en una bandeja para hornear y tostarlos de 13 a 15 minutos hasta que estén ligeramente dorados.
3. Retirar la avena o los cereales del horno y dejarlos enfriar a temperatura ambiente.
4. Mezclarlos con los demás ingredientes antes de servir, y conservar lo sobrante en un recipiente hermético.

MUESLI DE MANZANA

PARA 12 RACIONES DE ¾ DE TAZA

Me encanta preparar estos cereales en el verano, cuando no quiero encender el horno. Aunque no salen tan crujientes como los cereales tostados tradicionales, son tan sabrosos como ellos. Los consumo con un poco de leche vegetal y a veces con una manzana o una pera recién troceadas.

1 taza de *puré de dátil en dos minutos*
  (pág. 68)
1 cucharada de canela molida
1 cucharadita de nuez moscada molida

1 cucharadita de sal marina
8 tazas de copos de avena
2 tazas de manzana deshidratada troceada

1. Poner el puré de dátil, la canela, la nuez moscada y la sal marina en un cazo grande y mezclarlos bien.
2. Llevar la mezcla a ebullición a fuego medio y añadir los copos de avena.
3. Cocinar 5 minutos, removiendo frecuentemente hasta que el puré de dátil se absorba y la avena empiece a dorarse.
4. Retirar el cazo del fuego y dejar enfriar a temperatura ambiente.
5. Añadir las manzanas secas troceadas y almacenar en un recipiente hermético hasta siete días.

CONSEJOS

Para conseguir unos cereales más crujientes, se pueden cocinar en el horno en vez de hacerlo en la sartén. Será necesario hornearlos a 160º de 35 a 40 minutos en una bandeja antiadherente para horno.
Para servir, poner ¾ de taza de cereales en un cuenco. Cubrir con manzana fresca troceada y leche vegetal sin edulcorar.

POLENTA FÁCIL Y CREMOSA

PARA UNAS 4 TAZAS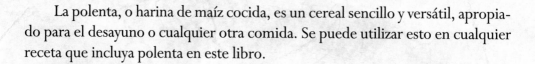

La polenta, o harina de maíz cocida, es un cereal sencillo y versátil, apropiado para el desayuno o cualquier otra comida. Se puede utilizar esto en cualquier receta que incluya polenta en este libro.

4 tazas de agua
1 cucharada de sal
1 taza de polenta o de harina amarilla de maíz

1. En una cazuela de unos 2 litros, llevar el agua a ebullición a fuego fuerte.
2. Añadir la sal y remover, mientras se añade lenta y continuamente la polenta a la cazuela.
3. Bajar a fuego medio y seguir removiendo hasta que espese la polenta.
4. Cubrir la cazuela con una tapa que ajuste bien y dejar cocer 30 minutos, removiendo cada 10 minutos.
5. Servir la polenta como está, o verterla en un molde o una fuente para horno y refrigerarla hasta que cuaje. Una vez cuaje, se puede hornear en una bandeja para horno forrada de papel a 180º de 15 a 20 minutos.

CONSEJO

Como sorpresa divertida, hacer relleno de manzana de más para el *crujiente de frutas gratinado* (pág. 224) y servirlo sobre la polenta cocida. También se puede cocinar la polenta con fruta deshidratada troceada y 1 cucharadita de extracto de vainilla: deliciosa como desayuno o como postre.

BARRITAS PARA DESAYUNO DE AVENA Y PASAS

PARA 12 BARRITAS

A estas barritas las llamo «desayuno sobre la marcha». Cuando viajo, las llevo en el automóvil conmigo y así puedo disfrutar de un desayuno o de un picoteo a mediodía rápido y saludable.

1 ¼ taza de harina integral para hojaldre
1 ½ taza de avena de cocción rápida
2 cucharaditas de levadura en polvo
1 cucharadita de canela molida
½ cucharadita de sal marina

1 taza de sirope de arce
1 taza de puré de manzana sin edulcorar
½ taza de mantequilla de cacahuete natural
1 cucharadita de extracto de vainilla
½ taza de pasas

1. Calentar el horno a 180°. En un cuenco grande, mezclar la harina, la avena, la levadura en polvo, la canela y la sal marina.

2. En otro cuenco distinto mezclar el sirope de arce, el puré de manzana, la mantequilla de cacahuete y la vainilla, y remover bien. Añadirlo a la mezcla anterior junto con las pasas e ir amasando cuidadosamente para mezclarlo todo.

3. Colocar la masa presionando sobre una bandeja para horno de 25 x 35 cm, antiadherente o forrada de papel para horno, de 22 a 25 minutos, hasta que al meter un palillo en el centro de la bandeja salga limpio.

4. Dejar enfriar la masa unos 20 minutos antes de cortarla en dados y servirla. Los sobrantes se pueden conservar en un recipiente hermético hasta cinco días.

HAZLO FÁCIL

- Se puede utilizar *puré de dátil en dos minutos* (pág. 68) en lugar del sirope de arce; solamente hay que aumentar el puré de manzana ¼ de taza.
- Utilizar cualquier mantequilla de fruto seco que se prefiera en lugar de la de cacahuete.
- Si se desea preparar las barritas bajas en grasa, desechar la mantequilla de cacahuete y utilizar una cantidad igual de puré de manzana en su lugar.
- Como alternativa, usar frutas deshidratadas diferentes en lugar de las pasas.

BOLLITOS DE PASTEL DE BONIATO

PARA 10 BOLLITOS GRANDES O 14-16 PEQUEÑOS

Estos bollitos se basan en mi receta para el pastel de boniato. La piel de naranja, la canela y la pimienta de Jamaica (o pimienta inglesa) le dan un vivo impulso al boniato, de sabor más bien plano.

3 tazas de harina integral para hojaldre
4 cucharaditas de levadura en polvo
1 ½ cucharadita de canela molida
½ cucharadita de pimienta de Jamaica molida
½ cucharadita de sal marina

¾ de taza de puré de boniato
1 ¼ taza de leche vegetal sin edulcorar
2 cucharaditas de vinagre de sidra
¾ de taza de sirope de arce o de *puré de dátil en dos minutos* (pág. 68)
La piel de 1 naranja

1. Precalentar el horno a 180º.
2. Forrar los huecos de un molde para bollitos con papel de hornear.
3. En un cuenco grande, mezclar bien la harina, la levadura en polvo, la canela, la pimienta de Jamaica y la sal marina.
4. En un cuenco distinto, agregar el puré de boniato, la leche vegetal, el vinagre de sidra, el sirope de arce o el *puré de dátil en dos minutos* y la piel de la naranja. Mezclar bien.
5. Añadir la mezcla del boniato a la mezcla de la harina y amasarlo todo cuidadosamente.
6. Repartir la masa entre los huecos del molde y hornear de 20 a 25 minutos, hasta que al introducir un palillo en el centro de los bollitos salga limpio.

BOLLITOS DE MANZANA FRESCA

PARA 10 BOLLITOS GRANDES O 14-16 PEQUEÑOS

La clave para hornear sin aceite está en darle el toque adecuado a la masa: no mezclar de más los ingredientes y medirlos exactamente para conseguir un resultado esponjoso y ligero.

3 tazas de harina integral para hojaldre
1 ½ cucharadita de levadura en polvo
1 ½ cucharadita de bicarbonato
1 cucharadita de canela molida
½ cucharadita de nuez moscada molida

3 tazas de manzana rallada
1 taza de puré de manzana sin edulcorar
1 taza de sirope de arce o de *puré de dátil en dos minutos* (pág. 68)

1. Precalentar el horno a 180°.
2. Forrar los huecos de un molde para bollitos con papel de hornear.
3. Agregar la harina, la levadura en polvo, el bicarbonato, la canela y la nuez moscada a un cuenco y remover hasta mezclarlo todo bien.
4. Añadir al cuenco los demás ingredientes y, utilizando una cuchara o una espátula, ir mezclando bien los ingredientes húmedos con los secos.
5. Llenar cada hueco del molde a dos tercios de su capacidad.
6. Hornear los bollitos durante 20 minutos hasta que al introducirles un palillo en el centro salga limpio.

VARIACIÓN - BOLLITOS DE HARINA DE MAÍZ Y ARÁNDANOS

Sustituir 1 taza de harina integral para hojaldre por harina de maíz, añadir 1 taza de arándanos frescos y disminuir la manzana rallada a 2 tazas.

CONSEJO

Me gustan las manzanas Granny Smith por el sabor ácido que les añaden a estos bollitos.

PUDIN DE ARROZ

PARA 4 RACIONES

Soy una de esas personas que comerían arroz integral sin más, con sal y pimienta, pero este plato me hace sentir como si hubiese ganado un premio sin esfuerzo. Si al principio de la semana preparas una gran cazuela de arroz integral, podrás utilizar lo sobrante para elaborar esta receta de desayuno o como postre.

4 ½ tazas de arroz integral cocido

1 taza de pasas doradas o de otra fruta deshidratada (trocear si son grandes, como los albaricoques)

⅓ de taza de *puré de dátil en dos minutos* (pág. 68) o de sirope de arce

1 ½ taza de leche vegetal sin edulcorar

½ taza de almendras tostadas troceadas (optativo)

2 cucharaditas de canela molida

1 cucharadita de extracto de vainilla o de almendra

Sal marina al gusto

1. Mezclar todo en una cacerola mediana y hervir despacio a fuego medio durante 10 minutos, o hasta que espese.

SALSAS, ALIÑOS PARA ENSALADAS Y CONDIMENTOS

SALSA DE MAÍZ Y TOMATE CON FINAS HIERBAS, PÁG. 64

Vinagreta para todo 50

Aliño asiático para ensalada 51

Vinagreta de naranja y
finas hierbas 53

Aliño de naranja y miso
para ensalada 54

Salsa de cacahuetes casi
instantánea 57

Salsa verde 58

Mayonesa básica 59

Mayonesa de pimientos rojos 60

Queso parmesano favorito
del chef Del 62

Crema de especias picantes 63

Salsa de maíz y tomate
con finas hierbas 64

Salsa barbacoa fácil de dátiles 65

Salsa de dátiles y soja salteados 67

Puré de dátil en dos minutos 68

Puré de coliflor 70

Crema de azafrán 71

Salsa sin queso 73

Salsa Alfredo 74

VINAGRETA PARA TODO

PARA ¾ DE TAZA

Se puede preparar este aliño sin aceite en cantidades generosas y disponer de él para numerosos usos. Es un aliño de ensalada perfecto para verduras de hoja o lechuga romana, y se puede utilizar como aderezo en la *ensalada de judías y cereales* (pág. 109), o en la *ensalada de frijoles de ojo negro* (pág. 116).

½ taza de vinagre balsámico
¼ de taza de mostaza de Dijon
¼ de taza de chalote picado
Pimienta negra al gusto

1. En un cuenco pequeño, mezclar bien todos los ingredientes.
2. Se puede conservar refrigerado en un recipiente hermético hasta una semana.

ALIÑO ASIÁTICO PARA ENSALADA

PARA 1 ¼ TAZA

La soja, el ajo y el vinagre de arroz son ingredientes clásicos en una amplia variedad de comidas asiáticas. Este aliño está lleno de sabor y es un magnífico aderezo para verduras.

½ taza de vinagre de arroz
½ taza de sirope de arroz integral
¼ de taza de salsa de soja baja en sodio o
   de tamari

1 cucharadita de jengibre molido
1 cucharadita de ajo en polvo

1. En un cuenco pequeño, mezclar bien removiendo todos los ingredientes.
2. Se puede conservar refrigerado en un recipiente hermético hasta diez días.

VINAGRETA DE NARANJA Y FINAS HIERBAS

PARA 1 TAZA

De vez en cuando necesito cambiar las vinagretas habituales que utilizo en las ensaladas, y esta es una de mis preferidas. Es ligera, fácil de preparar y versátil. Frecuentemente, hago este aliño para ensaladas con el *puré de dátil en dos minutos* en lugar del sirope de arroz para conseguir un aliño libre de azúcares procesados, pero así es menos llamativo visualmente como aliño.

⅓ de taza de zumo de naranja
⅓ de taza de sirope de arroz integral o de
  puré de dátil en dos minutos (pág. 68)
⅓ de taza de vinagre de vino blanco
2 cucharaditas de mostaza de Dijon

¼ de taza de cilantro fresco troceado
1 ½ cucharadita de menta seca
½ cucharadita de copos de pimiento rojo
  machacados

1. En un cuenco pequeño, mezclar bien removiendo todos los ingredientes.
2. Se puede conservar refrigerado en un recipiente hermético hasta diez días.

ALIÑO DE NARANJA Y MISO PARA ENSALADA

PARA 1 TAZA

Me encanta esta variación cítrica del *aliño asiático para ensalada*. El efecto añadido del jengibre y la pimienta de Cayena le dan vida a cualquier ensalada.

½ taza de zumo de naranja embotellado
   (no de concentrado)
1 cucharada de jengibre fresco rallado
¼ de taza de pasta suave de miso blanco
   (también conocido como miso dulce)

¼ de taza de vinagre de vino de arroz
½ cucharadita de pimienta de Cayena (optativo)

1. Mezclar todo en una batidora y trabajarlo hasta que esté suave y cremoso.
2. Se puede conservar refrigerado en un recipiente hermético hasta siete días.

SALSA DE CACAHUETES CASI INSTANTÁNEA

PARA APROXIMADAMENTE 1 TAZA

El jengibre y la pimienta de Cayena le dan a esta salsa un efecto sabroso, y solamente se necesitan 5 minutos para prepararla. Se puede servir con la *ensalada caliente de col rizada* (pág. 102), los *fideos fríos con cacahuetes* (pág. 136) o el *cuenco de Buda de quinoa y judías negras* (pág. 207).

½ taza de manteca suave de cacahuete
¼ de taza de salsa de soja baja en sodio o
   de tamari
2 cucharadas de vinagre de arroz

¼ de taza de sirope de arroz integral
¾ de cucharadita de jengibre molido
¼ de cucharadita de pimienta de Cayena
   (optativo)

1. En un cuenco pequeño, mezclar bien removiendo todos los ingredientes.
2. Se puede conservar refrigerado en un recipiente hermético hasta una semana.

SALSA VERDE

PARA 1 ¾ TAZA

Antes preparaba una versión de esta salsa con aceite de sésamo y tahini. Era deliciosa, pero pesada. Ahora me encanta sin el aceite de sésamo, y se puede elaborar esta versión llena de sabor incluso más baja en grasa eliminando el tahini (ver el consejo). Aún así, tendrás una salsa buenísima para utilizarla en pastas, verduras al vapor o muchos otros platos que encontrarás en este libro.

1 paquete de 350 gr de tofu silken muy
  suave
¾ de taza de cilantro fresco troceado
¼ de taza de tahini (no crudo)

2 cucharadas de zumo de limón
4 dientes de ajo
2 cucharadas de sal marina
¼ de cucharadita de pimienta de Cayena

1. Poner todos los ingredientes en una batidora y hacerlos puré hasta que la mezcla esté suave y cremosa.
2. Se puede conservar refrigerado en un recipiente hermético hasta siete días.

CONSEJO

Si no empleas el tahini, aumenta el cilantro hasta 1 taza.

MAYONESA BÁSICA

PARA 1 ½ TAZA

Prefiero hacer mayonesa con *puré de coliflor* en lugar de tofu, no solamente porque tengo una alergia suave a la soja, sino porque me gusta más el sabor, y la coliflor no tiene grasa. Tanto si utilizas tofu como coliflor, esta receta se mantendrá bien refrigerada hasta siete días.

1 paquete de 350 gr de tofu silken muy suave o 1 ½ taza de *puré de coliflor* (pág. 70)

2 cucharadas de vinagre de vino tinto
½ cucharadita de sal marina

1. Mezclar todo en un procesador de alimentos o en una batidora y hacerlo puré hasta que esté suave y cremoso.

HAZLO FÁCIL

Tengo esta receta a mano como mi mayonesa de partida; luego puedo añadirle lo que me guste según lo que cocine: pimientos rojos asados, mostaza de Dijon, finas hierbas frescas o secas, ajo, etc.

MAYONESA DE PIMIENTOS ROJOS

PARA 2 TAZAS

Me encantan los pimientos morrones rojos. Cuando los haces puré y los pones en una mayonesa como esta, su sabor se intensifica. Utilizo esta salsa para la *ensalada con mayonesa de pimientos rojos* (pág. 119) o como relleno para bocadillos.

1 ½ taza de *puré de coliflor* (pág. 70), o
  1 paquete de 350 gr de tofu silken muy
  suave
2 pimientos morrones asados

2 cucharadas de vinagre de vino tinto
1 cucharada de eneldo fresco picado
Sal marina y pimienta al gusto

1. Poner el *puré de coliflor* o el tofu en una batidora con los demás ingredientes. Batir hasta que esté suave y cremoso.
2. Se puede conservar refrigerado en un recipiente hermético hasta cinco días.

QUESO PARMESANO FAVORITO DEL CHEF DEL

PARA 1 TAZA

Existen muchas versiones de recetas veganas de queso parmesano. La mayoría son buenas... y muy parecidas entre sí. Esta es mi preferida. Las semillas de comino (o alcaravea) y de hinojo, solo una pizca de cada una, añaden un toque que me recuerda a un buen queso parmesano.

¼ de taza de semillas de sésamo tostadas
¼ de taza de anacardos tostados
½ taza de levadura nutricional
½ cucharadita de sal marina

¼ de cucharadita de alcaravea (o comino) molida
¼ de cucharadita de semillas de hinojo molidas

1. Poner las semillas de sésamo y los anacardos en un procesador de alimentos o batidora con los demás ingredientes y trabajarlo hasta que la mezcla tenga la textura de queso parmesano rallado (si se mezcla demasiado, se obtendrá mantequilla de parmesano).
2. Se puede conservar refrigerado hasta un mes.

CREMA DE ESPECIAS PICANTES

PARA ¾ DE TAZA

Me encantan los condimentos intensos, aromáticos, dulces y picantes a la vez. Hacer tu propia *crema de especias picantes* tiene ciertas ventajas frente a las versiones comerciales de esta salsa tan popular: puedes decidir tú mismo cuánto picante le pones y hacerlo saludable utilizando el dulzor natural de los dátiles en lugar de azúcares procesados. Usa esta deliciosa crema con *judías al estilo picante* (pág. 194), con setas portobello horneadas o asadas o con «filetes» de coliflor.

½ taza de agua
4 dátiles deshuesados
1 cucharada de cebolla granulada
1 cucharada de ajo granulado
1 cucharada de pimienta de Jamaica molida

1 cucharada de hojas secas de laurel
1 cucharadita de sal marina
1 cucharadita de pimienta de Cayena
½ cucharadita de pimienta negra
½ cucharadita de nuez moscada molida

1. Poner todos los ingredientes en una batidora y hacerlos puré hasta que la mezcla esté suave y cremosa.
2. Se puede conservar refrigerado en un recipiente hermético hasta cinco días.

SALSA DE MAÍZ Y TOMATE CON FINAS HIERBAS

PARA UNAS 3 ½ TAZAS   IMAGEN EN LA PÁG. 49

Preparo esta receta cuando hay tomates y maíz frescos en el mercado de verduras. Es estupenda sobre las *tostadas* (pág. 213), en el *penne con salsa de maíz y tomate a las finas hierbas* (pág. 142) o como acompañamiento.

1 paquete de 300 gr de maíz congelado o 4 mazorcas frescas
1 tomate grande maduro, cortado en dados
½ cebolla roja mediana, cortada en dados pequeños

1 pimiento jalapeño (picante), sin semillas y cortado en dados
3 cucharadas de vinagre balsámico
2 cucharadas de albahaca fresca troceada
2 cucharadas de cilantro fresco troceado
Sal marina al gusto

1. En un cuenco grande, mezclarlo todo bien. Dejar reposar 1 hora a temperatura ambiente o refrigerarlo para dejar que los sabores se combinen.

CONSEJO

Se puede hacer esto solamente con la albahaca o con el cilantro, pero me gusta utilizar los dos.

SALSA BARBACOA FÁCIL DE DÁTILES

PARA 3 ½ TAZAS

La mayoría de las salsas barbacoa comerciales llevan mucho sirope de maíz alto en fructosa o, si no, azúcar. Esta receta no contiene ninguno de los dos y aun así libera todos los sabores que se buscan en una salsa barbacoa.

1 lata de 400 gr de tomate triturado
2 tazas de *puré de dátil en dos minutos* (pág. 68), o al gusto
3 cucharadas de mostaza preparada
1 cucharada de sidra o de vinagre de vino tinto

2 cucharaditas de pimentón
1 cucharadita de cilantro molido
1 cucharadita de pimienta de Cayena, o al gusto

1. Poner todo en una cacerola pequeña. Cocinar a fuego medio-bajo durante 10 minutos, removiendo a menudo.
2. Se puede guardar refrigerado en un recipiente hermético hasta diez días.

CONSEJO

Esta salsa no es tan dulce como las salsas barbacoas tradicionales. Se pueden añadir unas cuantas gotas de estevia para endulzarla.

SALSA DE DÁTILES Y SOJA SALTEADOS

PARA 2 ½ TAZAS

Siempre tengo a mano esta salsa. Con ella, y con algo de arroz cocido o de pasta y un paquete de verduras congeladas, tengo lista una cena en menos de 15 minutos. Incluso si tengo que *preparar* esta salsa fácil, puedo tener la cena lista en menos de 30 minutos.

¾ de taza de salsa de soja baja en sodio o de tamari
1 taza de caldo de verduras
¾ de taza de dátiles deshuesados

1 ½ cucharadita de jengibre molido
1 ½ cucharadita de ajo granulado
1 cucharada de cúrcuma molida

1. Poner todo menos la cúrcuma molida en una cazuela y cocinar a fuego medio 5 minutos, o hasta que los dátiles estén blandos.
2. Poner la mezcla cocida en una batidora y, con el motor ya en marcha, añadir la cúrcuma en polvo.
3. Se puede conservar refrigerado en un recipiente hermético hasta una semana.

PURÉ DE DÁTIL EN DOS MINUTOS

PARA 2 ½ TAZAS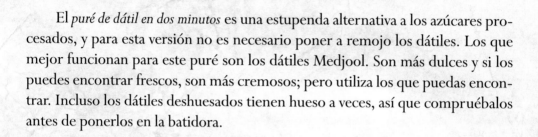

El *puré de dátil en dos minutos* es una estupenda alternativa a los azúcares procesados, y para esta versión no es necesario poner a remojo los dátiles. Los que mejor funcionan para este puré son los dátiles Medjool. Son más dulces y si los puedes encontrar frescos, son más cremosos; pero utiliza los que puedas encontrar. Incluso los dátiles deshuesados tienen hueso a veces, así que compruébalos antes de ponerlos en la batidora.

2 tazas de dátiles deshuesados
2 tazas de agua

1. Poner los dátiles y el agua en una batidora y hacerlos puré hasta que estén suaves.
2. Se puede conservar refrigerados hasta siete días, o hasta tres meses en el congelador.

PURÉ DE COLIFLOR

PARA 2 TAZAS ✹

Descubrí este puré hace algunos años, cuando hice una sopa de pescado y marisco con coliflor asada para un menú festivo. El *puré de coliflor* tenía tanto sabor que decidí utilizarlo como salsa y como crema, cosa que he venido haciendo desde entonces. Tengo siempre a mano coliflor congelada, así que esta receta solamente necesita unos 10 minutos. Para hacer una salsa parecida se puede utilizar tofu silken en lugar de coliflor, sobre todo si se tiene prisa, pero prueba a preparar este puré, vale la pena.

2 tazas de cogollos de coliflor fresca o congelada
2 tazas de agua

1. En una cacerola pequeña, mezclar el agua y la coliflor y cocinarla a fuego medio tapada hasta que esté muy tierna, unos 6 minutos para la congelada o unos 10 para la fresca.
2. Escurrir la coliflor y reservar lo que quede del líquido de la cocción
3. Hacer puré con la coliflor con la cantidad suficiente del líquido de la cocción para darle una consistencia cremosa.
4. Se puede conservar refrigerado en un recipiente hermético hasta cinco días.

CREMA DE AZAFRÁN

PARA 3 TAZAS

Me encantan las salsas cremosas: el suculento sabor, el tacto denso en la boca, la versatilidad. Esta es una de mis salsas cremosas preferidas de siempre. Me encantan el azafrán y los piñones, y con los dos juntos se logran salsas con sabores que parecen recién salidos de cualquier pequeño restaurante mediterráneo. Utilízala en la *pasta con crema de azafrán* (pág. 153) o en platos horneados poco comunes, como la *quinoa asada con crema de azafrán* (pág. 165) o el *guiso de patatas con crema de azafrán* (pág. 162).

1 paquete de 350 gr de cogollos congelados de coliflor
2 tazas de caldo vegetal
4 dientes de ajo, picados
2 cucharaditas de cebolla granulada

2 cucharaditas de laurel seco
Un pellizco grande de azafrán
¼ de taza de piñones tostados
Sal marina y pimienta negra al gusto

1. Poner el caldo de verduras y la coliflor en una cacerola y cocinar 8 minutos hasta que la coliflor esté tierna.
2. Poner la coliflor y el caldo de verduras en una batidora con el resto de los ingredientes hasta que quede una mezcla suave y cremosa. Probar de sal y de pimienta negra.

CONSEJO

Si se desea una salsa más baja en grasa, los piñones son optativos, ¡pero bien valen para darse un pequeño capricho de vez en cuando!

SALSA SIN QUESO

PARA UNAS 3 TAZAS

Cuando quiero una salsa cremosa con efecto, preparo esta. Se puede utilizar para lograr unos estupendos platos de pasta: *macarrones con queso sin queso* (pág. 158), o una versión divertida de las bolas de patata: las *patatas al horno sin queso* (pág. 161), y hasta como salsa para burritos: en *burritos de setas a la parrilla* (pág. 129).

2 tazas de cogollos de coliflor congelada
2 tazas de agua
1 pimiento morrón asado

2 pimientos chipotle (ahumados) en adobo
1 cucharadita de sal marina

1. Poner la coliflor en una cazuela mediana con el agua.
2. Llevar a ebullición a fuego fuerte y cocer hasta que la coliflor esté tierna, unos 6 minutos para la congelada y unos 10 para la fresca.
3. Sacar la coliflor, ponerla en una batidora y añadir el resto de los ingredientes.
4. Batir la mezcla, añadiendo solamente la cantidad necesaria del agua de la cocción para conseguir una salsa cremosa.

HAZLO FÁCIL

Se puede preparar una versión rápida y sin tener que cocinar de esta salsa, reemplazando la coliflor por tofu silken muy suave y haciéndolo puré con el resto de los ingredientes. Se obtiene una salsa estupenda para verduras.

SALSA ALFREDO

PARA 2 ½ TAZAS ✳

Antes preparaba *pasta Alfredo* para una buena amiga que la proclamaba «la mejor del mundo». Por supuesto, la salsa estaba cargada de lácteos y de grasas. Esta salsa es tan sabrosa como la original, pero libre de lácteos y mucho más baja en grasas. Sabe estupendamente sobre la *pasta Alfredo* (pág. 157), sobre la *pizza Alfredo de pita* (pág. 218) o sobre una simple patata asada.

2 tazas de *puré de coliflor* (pág. 70), o 1 paquete de 350 gr de tofu silken ligero y firme Mori-Nu

1 taza de *queso parmesano favorito del chef Del* (pág. 62)
½ cucharadita de nuez moscada molida
Sal marina y pimienta negra al gusto

1. Poner el *puré de coliflor* (o el tofu), el parmesano y la nuez moscada en una batidora y mezclar hasta que esté suave y cremoso.
2. Añadir agua según se necesite para conseguir una consistencia cremosa. Aderezar con sal marina y pimienta negra al gusto.

APERITIVOS
Y PATÉS VEGETALES

PATÉ DE JUDÍAS BLANCAS Y MISO, PÁG. 83

Hummus de pesto de albahaca 79
Paté de pimiento rojo asado 80
Paté de judías blancas y miso 83
Paté de zanahorias y almendras 84
Paté de judías a la tailandesa 87
Falafel 88
Bocaditos de coliflor con salsa Búfalo 91

HUMMUS DE PESTO DE ALBAHACA

PARA 2 TAZAS

En este hummus se mezcla lo mejor de dos de mis recetas preferidas: el pesto y el hummus. Es casi como si estuvieran hechas el uno para el otro. Lo tomo como aperitivo con galletas saladas de arroz, o con rodajas de pepino o apio, o en un bocadillo con brotes de alfalfa y lechuga. Cuanto más cremosa se haga esta salsa, tanto más destacará el sabor de la albahaca y los piñones, pero un hummus más grumoso también es delicioso.

1 bote de 400 gr de garbanzos cocidos, lavados y escurridos
2 tazas de hojas de albahaca fresca
¼ de taza de piñones tostados (optativo)

El zumo de 1 limón, o 2 cucharadas de zumo de limón
2 dientes de ajo, picados
1 cucharadita de sal marina, o al gusto

1. Mezclarlo todo en un procesador de alimentos o batidora y hacerlo puré hasta que la mezcla esté suave y cremosa. Si se necesita, añadir un poco de agua para alcanzar la consistencia deseada.

PATÉ DE PIMIENTO ROJO ASADO

PARA 4-6 RACIONES

Me encanta esta crema con verduras frescas o como salsa para empanadillas vegetales. Sin embargo, mi forma preferida de comerla es untada en pan de multicereales para bocadillos en una capa fina, con *costillas de berenjena confitada* (pág. 201) y lechuga.

1 tarro de 400 gr de judías blancas cocidas, lavadas y escurridas
2 cucharadas de mantequilla de almendra
4 cucharadas de pasta de miso blanco suave

2 pimientos rojos asados
3 dientes de ajo
2 cucharadas de eneldo fresco troceado

1. Poner todos los ingredientes en el cuenco de un procesador de alimentos o batidora y batir hasta que la mezcla esté suave y cremosa.

PATÉ DE JUDÍAS BLANCAS Y MISO

PARA 4-6 RACIONES

Antes hacía muchas cremas para untar o mojar con tofu, pero después de que una amiga me pidiera que le preparara una crema con judías en lugar del tofu, vi que me gustaba también mucho. Ahora elaboro frecuentemente mis cremas para untar o mojar con judías, y esta es una de mis preferidas. La como en empanadillas con brotes o con espinacas frescas, con palitos de apio para un aperitivo rápido e incluso para salsa en platos como la *pasta con verduras y paté de judías blancas y miso* (pág. 150).

1 tarro de 400 gr de judías blancas cocidas, lavadas y escurridas
3 cucharadas de pasta de miso blanco suave
2 cucharadas de mantequilla de almendra (optativo)

3 dientes de ajo, picados
2 cucharaditas de cebolla granulada
½ cucharadita de pimienta cayena (optativo)

1. Poner todos los ingredientes en el cuenco de un procesador de alimentos o batidora y hacer puré hasta que la mezcla esté suave y cremosa.

PATÉ DE ZANAHORIAS Y ALMENDRAS

PARA 4 RACIONES

Las almendras tostadas le añaden un toque crujiente a este paté, y las zanahorias ralladas le dan un toque de dulzor. Se puede creer que todas las judías saben igual, pero eso es un error. Prueba esta receta con tus judías blancas preferidas, o, por cambiar, pruébala con judías azuki o frijoles de ojo negro.

1 tarro de 400 gr de judías blancas cocidas, lavadas y escurridas

3 cucharadas de pasta de miso blanco suave

3 dientes de ajo, picados

1 zanahoria grande, rallada (aproximadamente 1 ½ taza)

1 cebolla roja pequeña, picada fina (aproximadamente ½ taza)

⅓ de taza de almendras tostadas picadas

¼ de taza de eneldo fresco picado

1. Poner las judías, el miso y el ajo en el cuenco de un procesador de alimentos o batidora y hacer puré hasta que esté suave y cremoso.

2. Añadir la mezcla de judías a un cuenco con los demás ingredientes y mezclar bien.

PATÉ DE JUDÍAS A LA TAILANDESA

PARA 6 RACIONES

Cuando hace frío fuera, siempre me apetece esta crema para untar. La como con galletas saladas o sobre pan integral con brotes.

1 bote de 400 gr de garbanzos cocidos, lavados y escurridos

3 cucharadas de mantequilla de almendra (optativo)

¼ de taza de zumo de lima

2 cucharadas de salsa de soja baja en sodio o de tamari, o al gusto

1 zanahoria mediana, rallada

1 chile rojo tailandés o un pimiento jalapeño pequeño, sin semillas y picado (optativo)

¼ de taza de cebolleta en rodajas

¼ de taza de cilantro fresco picado fino

2 dientes de ajo, picados

1. Mezclar en un procesador de alimentos o batidora los garbanzos, la mantequilla de almendra, el zumo de lima y la salsa de soja y trabajarlo hasta que la mezcla esté suave y cremosa.

2. Sacar con cuchara la mezcla y ponerla en un cuenco; añadir el resto de los ingredientes y mezclar bien.

FALAFEL

PARA 4 RACIONES

Me encanta el *falafel*. Lo tomo como aperitivo, en pan de pita con *salsa verde* (pág. 58) o incluso en la pizza; pero no quiero toda esa grasa añadida que habría normalmente en un plato de fritos. Así que mejor lo horneo y el resultado es tan bueno como el frito original.

2 tarros de 400 gr de garbanzos cocidos, lavados y escurridos
1 cebolla amarilla mediana, troceada
6 dientes de ajo, troceados
4 cucharadas de perejil fresco, troceado

1 cucharada de cúrcuma en polvo
2 cucharaditas de cilantro molido
2 cucharaditas de comino molido
Sal marina y pimienta negra al gusto

1. Precalentar el horno a 180º.
2. Ponerlo todo en un procesador de alimentos y trabajarlo dejando un poco de textura granulosa a los garbanzos.
3. Utilizar una paleta de helado o un cucharón para dar forma de bolas a la masa. Colocar estas bolas en una bandeja antiadherente para horno y hornear 10 minutos.
4. Darles la vuelta a las bolas de *falafel* y hornear otros 8-10 minutos.

VARIACIÓN - MEDALLONES DE FALAFEL PARA EL DESAYUNO

Seguir los pasos 1 y 2 de la receta y añadir ½ cucharadita de semillas de hinojo molidas y ½ cucharadita de copos de pimiento morrón rojo machacados. Utilizar una paleta pequeña para helados o una cuchara para dar forma de bolas a la masa. Colocar estas bolas en una bandeja antiadherente para horno y apretarlas hasta que tengan un grosor de 1,5 cm. Hornear como en la receta anterior.

HAZLO FÁCIL

Si por casualidad tienes a mano boniatos hervidos, puedes utilizarlos en lugar de los garbanzos. Necesitarás 1 ¾ taza de boniatos en puré. El dulzor añadido de estas patatas dulces va estupendamente con el *falafel*, y es una manera estupenda de introducir furtivamente otra ración de verduras en la alimentación de tu familia.

BOCADITOS DE COLIFLOR CON SALSA BÚFALO

PARA 4-6 RACIONES

Una de las cosas nada saludables que heredé de mi abuela fue su freidora. Todavía la utilizo mucho, sobre todo para hacer alitas de pollo con salsa búfalo. Ahora me apetece comer picoteos más saludables, y me sigue gustando esa salsa picante... pero sin el aceite que lleva, y en realidad no quiero las alitas. ¡Los *bocaditos de coliflor con salsa Búfalo* resuelven el problema! Son sabrosísimos y picantes, sin todos esos ingredientes nocivos. Uno de mis bocadillos preferidos es el *Po' Boy con salsa Búfalo* (pág. 125) en pan integral para bocadillos (o rebanadas de sándwich) con *ensalada de cacahuetes* (pág. 120).

½ taza de agua
¼ de taza de mantequilla de almendra
½ taza de salsa picante roja y un poco más para añadir a los bocaditos cocinados
¾ de taza de harina intergral para hojaldre

¼ de taza de levadura nutricional
1 ½ cucharada de ajo granulado
1 cabeza grande de coliflor, cortada en cogollos de 2,5 cm (unas 6 tazas)

1. Precalentar el horno a 190º.
2. En un cuenco grande, poner todo menos la coliflor. Mezclar bien. Añadir los cogollos de coliflor y remover para cubrirlos bien.
3. Colocar los cogollos rebozados en una bandeja antiadherente para horno en una sola capa. Hornear 25 minutos o hasta que estén dorados.
4. Si se desea, añadir más salsa picante roja.

ENSALADAS

ENSALADA DE MANZANA, HIGO Y RÚCULA, PÁG. 95

Ensalada de espinaca fresca 94

Ensalada de manzana, higo y rúcula 95

Ensalada de lechuga romana, naranja y miso 97

Ensalada de col rizada con aliño de naranja y miso 98

Ensalada de judías y col rizada con aliño cremoso de anacardos y lima 101

Ensalada caliente de col rizada con aliño de cacahuetes 102

Ensalada de patata con piñones, aceitunas y eneldo 105

Ensalada de patatas tardías de verano con judías verdes 106

Ensalada de judías y cereales 109

Ensalada de garbanzos con vinagreta de tomates secos 110

Ensalada asiática de garbanzos 113

Ensalada lujosa de garbanzos 114

Ensalada de judías, naranja y aceitunas 115

Ensalada de frijoles de ojo negro 116

Ensalada de cebada fermentada con manzanas y nueces 117

Ensalada de pasta y sésamo verde 118

Ensalada con mayonesa de pimientos rojos 119

Ensalada de cacahuetes 120

ENSALADA DE ESPINACA FRESCA

PARA 4 RACIONES

Esta ensalada es una guarnición excelente para los muchísimos entrantes, bocadillos o sopas que hay en este libro. Si tienes a mano *vinagreta para todo*, podrás tener preparada esta ensalada en 10 minutos.

2 manojos grandes de espinacas, sin el tallo y cortada en tiras finas (unas 8 tazas)
1 pimiento morrón verde grande, cortado en dados
1 manojo de cebolleta, cortada en rodajas finas

½ taza de *vinagreta para todo* (pág. 50), o al gusto
¼ de taza de pipas de girasol tostadas (optativo)

1. Poner todos los ingredientes en un cuenco grande y remover para mezclarlos bien.
2. Para servir, dividir la ensalada en cuatro platos.

HAZLO FÁCIL

También se pueden comprar espinacas *baby* prelavadas en la mayoría de los supermercados. Eso te ahorrará el tiempo de lavar el manojo de espinacas.
Si cuando vas a comprar las espinacas no tienen buen aspecto en la tienda, utiliza verduras de hoja variadas, rúcula o cualquier otra verdura ligera que puedas encontrar.

ENSALADA DE MANZANA, HIGO Y RÚCULA

PARA 4 RACIONES

IMAGEN EN LA PÁG. 93

La picante rúcula, las nueces de pecán tostadas y las frutas ácidas y dulces de esta ensalada la hacen perfecta como acompañamiento de cualquier plato; o una comida rápida y fácil por cuenta propia cuando cocinar parece demasiado trabajo.

8 tazas de rúcula
1 manzana Fuji grande, sin semillas y troceada
6 higos troceados

½ taza de nueces de pecán tostadas y troceadas
½ taza de *vinagreta para todo* (pág. 50)

1. En un cuenco grande, mezclarlo todo removiendo bien.
2. Para servir, dividir la ensalada en cuatro platos.

CONSEJOS

- Si no te gusta la rúcula, utiliza espinacas o cualquier otra verdura de hoja verde ligera.
- Las nueces funcionan lo mismo que las nueces de pecán. Mi preferencia personal son estas últimas.

ENSALADA DE LECHUGA ROMANA, NARANJA Y MISO

PARA 4 RACIONES

La robusta lechuga romana mantiene bien el tipo ante el igualmente robusto *aliño de naranja y miso para ensalada*. Consumo esta ensalada como guarnición, o como entrante cuando quiero una comida ligera y refrescante.

1 lechuga romana, en trozos grandes
⅓ - ½ taza de *aliño de naranja y miso para ensalada* (pág. 54)
1 naranja Navel, pelada y en gajos

1 cebolla roja pequeña, pelada y en rodajas finas
4 cucharadas de almendras tostadas, en láminas finas

1. En un cuenco poner la lechuga romana y el aliño de naranja y miso y remover para mezclarlos bien.
2. Repartir la lechuga entre cuatro platos y cubrir con el resto de los ingredientes.

HAZLO FÁCIL

Compra la lechuga precortada en paquetes y las naranjas en su jugo en lata (escurre el zumo antes de echar las naranjas a la ensalada).

ENSALADA DE COL RIZADA CON ALIÑO DE NARANJA Y MISO

PARA 4 RACIONES

El aliño de naranja y miso suavizarán el sabor de la col rizada en esta ensalada.

2 manojos grandes de col rizada,
1 tarro de 400 gr de judías blancas cocidas,
   lavadas y escurridas

¾ de taza de *aliño de naranja y miso* (pág.
   54), o al gusto
1 naranja grande, pelada y en gajos
1 cebolla roja mediana, en rodajas finas

1. Ponerlo todo en un cuenco grande y mezclarlo bien removiendo.
2. Para servir, dividir la ensalada en cuatro platos.

CONSEJO

Me gusta dejar reposar una hora la ensalada de col rizada para dejar que el aliño suavice la ligeramente correosa y un poco amarga col rizada. Como alternativa, se puede utilizar la menos amarga y más tierna col rizada baby si puedes encontrarla, o espinacas si tienes prisa.

ENSALADA DE JUDÍAS Y COL RIZADA CON ALIÑO CREMOSO DE ANACARDOS Y LIMA

PARA 4 RACIONES

El aliño ácido y cremoso de esta ensalada equilibra muy bien la, a veces, amarga col rizada. Añadir judías hace que este plato sea lo bastante sustancioso como para constituir una comida.

¼ de taza de anacardos tostados sin sal
¼ de taza de pasta de miso blanco suave
¼ de taza de zumo de lima
½ cucharadita de pimienta de Cayena
   (optativo)

¼ de taza de agua
2 manojos grandes de col rizada, sin la
   penca y en trozos grandes (unas 8 tazas)
1 tarro de 400 gr de garbanzos, escurridos
   y aclarados

1. En una batidora, poner los anacardos, el miso, el zumo de lima, la pimienta de Cayena y el agua, y hacerlos puré hasta que la mezcla esté suave y cremosa.
2. Poner en un cuenco la col rizada y los garbanzos y añadir el aliño de anacardos. Mezclar bien.
3. Para servir, repartir la ensalada en cuatro platos.

CONSEJO

Por lo general, me gusta dejar reposar una hora esta ensalada antes de servirla, para dar tiempo a que el aliño suavice la col rizada. Si puedes encontrar col rizada baby en tu tienda, úsala. Es tierna y tiene un sabor más suave. Se pueden utilizar anacardos crudos en el aliño, pero me gusta más el sabor tostado de los frutos secos que el crudo. Para una versión más baja en grasa de esta ensalada, utiliza el *aliño asiático para ensalada* (pág. 51). Necesitarás aproximadamente una taza del aliño que emplees.

ENSALADA CALIENTE DE COL RIZADA CON ALIÑO DE CACAHUETES

PARA 4 RACIONES

Una amiga me dijo una vez que no había manera de que pudiésemos hacer que sus hijos comiesen col rizada. Lo tomé como una apuesta. Les preparé este plato y les encantó. Para una ensalada caliente de col rizada baja en grasas, utiliza el *aliño asiático para ensalada* (pág. 51).

1 cebolla roja pequeña, en rodajas finas
1 pimiento morrón mediano, cortado en dados
¾ de taza de *salsa de cacahuetes casi instantánea* (pág. 57)

3 o 4 manojos de col rizada, sin la penca y troceada (unas 16 tazas)
1 cucharadita de copos de pimiento morrón machacados (optativo)

1. En una olla grande, poner la cebolla roja y el pimiento morrón y cocinar 5 minutos a fuego medio.
2. Añadir la salsa de cacahuetes, la col rizada y los copos de pimiento morrón machacados y cocinar hasta que la col rizada se reblandezca, entre 8 y 9, minutos removiendo frecuentemente.
3. Poner en un cuenco y remover.

ENSALADA DE PATATA CON PIÑONES, ACEITUNAS Y ENELDO

PARA 4-6 RACIONES

Me encanta la ensalada de patatas, pero de vez en cuando me gusta cambiarla un poco. Los piñones y las aceitunas no son lo corriente en esta ensalada, pero le añaden un agradable estilo griego a este plato, por lo demás muy popular entre los norteamericanos. Sírvela sobre un lecho de espinacas y tendrás una buena comida.

1 kg de patatas rojas, cortadas en dados
   de 1,5 cm
2 l de agua
Sal marina al gusto
1 taza de *mayonesa básica* (pág. 59)
4 cebolletas en rodajas

½ taza de piñones tostados
½ taza de aceitunas de Kalamata (negras o
   de color oscuro)
1 cucharada de eneldo fresco picado
Pimienta negra al gusto

1. Poner las patatas en una olla grande y cubrirlas con el agua salada fría.
2. Llevar a ebullición a fuego medio-alto. Bajar el fuego a medio-bajo y hervir hasta que las patatas estén tiernas, aproximadamente de 8 a 10 minutos.
3. Cuando estén listas las patatas, escurrirlas en un colador y aclararlas con agua fría hasta que enfríen. Escurrirlas de nuevo y ponerlas en un cuenco con los demás ingredientes.
4. Mezclar bien y enfriar hasta que esté lista para servir.

ENSALADA DE PATATAS TARDÍAS DE VERANO CON JUDÍAS VERDES

PARA 4-6 RACIONES

Me gusta la ensalada de patatas con algo que no sea mayonesa, por cambiar de sabor. Esta resulta un poco más ligera, sobre todo en el calor del verano. Se puede preparar en cualquier época del año, pero las judías verdes están de temporada en verano.

700 gr de patatas rojas, cortadas en dados de 1,5 cm

350 gr de judías verdes frescas, cortadas por la mitad

1 pimiento morrón, cortado en daditos

2 l de agua

1 cebolla amarilla pequeña, cortada en daditos

½ taza de *vinagreta para todo* (pág. 50)

1 cucharada de estragón seco, o 2 cucharadas de estragón fresco picado

Sal marina y pimienta negra al gusto

1. Llevar a ebullición el agua.
2. Añadir las patatas y las judías verdes y hervir a fuego medio unos 7 minutos.
3. Escurrir y enjuagar las verduras bajo el grifo con agua fría. Ponerlas en un cuenco con los demás ingredientes.
4. Aderezar con sal y pimienta. Remover suavemente para mezclarlo todo bien.

ENSALADA DE JUDÍAS Y CEREALES

PARA 4 RACIONES

Piensa en esta receta como la ensalada base de judías y cereales. Varía los sabores utilizando condimentos y verduras diferentes, incluso aderezos diferentes: vinagre o zumo de limón o de lima. Sirve esta ensalada sobre un lecho de verduras de hoja o envuélvela en una torta de harina integral con ¼ de taza de *salsa verde* (pág. 58) para una comida sobre la marcha.

1 tarro de 400 gr de judías cocidas, lavadas y escurridas. Las judías pueden ser negras, pintas, blancas, rojas, de riñón...: tú eliges.

2 tazas de cereales cocidos

½ manojo (unas 6) de cebolleta, en rodajas

1 pimiento morrón mediano (el verde y el poblano también sirven)

4-5 cucharadas de zumo de limón o de lima, o de *vinagreta para todo* (pág. 50)

1 taza de finas hierbas frescas (albahaca, cilantro, estragón, menta o una combinación de todas ellas)

Sal marina y pimienta negra al gusto

1. Poner todo en un cuenco y mezclarlo bien.
2. Para servirla, repartir la ensalada en cuatro platos. Se puede conservar refrigerada en un recipiente hermético hasta cuatro días.

HAZLO FÁCIL

Ten a mano tarros de judías y arroz integral cocido para poder tener hecha una comida en pocos minutos. Me gusta el arroz integral, pero si me he olvidado de cocinarlo el domingo, o si se me acaba, preparar cereales de cocción rápida, como la quinoa o el mijo, funciona igual de bien.

Para darle un poco de efecto, añade 1 pimiento jalapeño (picante) cortado en daditos, una cucharada de comino tostado molido o ambos.

ENSALADA DE GARBANZOS CON VINAGRETA DE TOMATES SECOS

PARA 4 RACIONES

Muchas versiones de esta receta requieren hasta ½ taza de aceite de oliva para el aliño. Mi versión tiene todo el sabor de esas ensaladas cargadas de grasa, sin el aceite.

½ taza de tomates secados al sol (no en aceite) partidos por la mitad
1 taza de agua
3 cucharadas de vinagre de vino tinto
2 tarros de 400 gr de garbanzos cocidos, lavados y escurridos
1 tarro de 400 gr de corazones de alcachofa en escabeche, cortados en cuatro

1 cebolla roja mediana, cortada en dados
1 taza de hojas de albahaca, troceadas
2 cucharadas de piñones tostados (optativo)
Sal marina y pimienta negra al gusto
4 tazas de rúcula o de cualquier verdura de hoja

1. En una cazuela pequeña, poner las mitades del tomate secado al sol y añadir agua hasta cubrirlas.
2. Llevar la cazuela a ebullición a fuego lento y hervir los tomates hasta que estén tiernos, unos 10 minutos.
3. Poner los tomates en una batidora con ½ taza del agua de la cocción y batir hasta que esté suave. Para una textura cremosa, agregar más agua si fuera necesario. Desechar el agua que no se utilice.
4. Poner la mezcla en un cuenco y añadir el vinagre de vino tinto, los garbanzos, los corazones de alcachofa, la cebolla roja, las hojas de albahaca y los piñones.
5. Aderezar con sal y pimienta al gusto.
6. Repartir la rúcula entre cuatro platos y cubrirla uniformemente con la ensalada de garbanzos.

ENSALADA ASIÁTICA DE GARBANZOS

PARA 6 RACIONES

Este es uno de mis platos preferidos, sobre todo cuando no me apetece encender los fogones o cuando estoy viajando por carretera y quiero llevar algo saludable para comer. Siempre tengo a mano la receta de la *mayonesa básica*, de manera que pueda disponer fácilmente de este tipo de alimentos rápidos y sabrosos. Esta ensalada la como en pan de pita con brotes, o en una tostada con una rodaja de tomate.

1 tarro de 400 gr de garbanzos cocidos, lavados y escurridos, y ligeramente machacados

1 zanahoria rallada

½ taza de *mayonesa básica* (pág. 59)

¼ de taza de cilantro fresco troceado

¼ de taza de anacardos tostados

4 cebolletas en rodajas

2 cucharaditas de salsa de soja baja en sal o de tamari

1 cucharadita de jengibre rallado

1. Ponerlo todo en un cuenco y mezclarlo bien.

ENSALADA LUJOSA DE GARBANZOS

PARA 7 RACIONES

Esta es mi imitación para adultos de la ensalada de atún, aunque también se la he servido a niños a los que les gusta esta versión. La como con galletas saladas de arroz o sobre un bollo de pan integral con brotes o lechuga

2 tarros de 400 gr. de garbanzos, escurridos, aclarados y ligeramente
machacados
1 taza de *mayonesa básica* (pág. 59)
½ taza de almendras tostadas, cortadas en
astillas (optativo)

½ taza de salsa de pepinillos al eneldo
¼ de taza de alcaparras, escurridas
(optativo)
1 cucharada de eneldo fresco troceado
Sal marina y pimienta negra al gusto

1. Ponerlo todo en un cuenco grande y mezclarlo bien. Se puede conservar refrigerado en un recipiente hermético hasta cuatro días.

ENSALADA DE JUDÍAS, NARANJA Y ACEITUNAS

PARA 4 RACIONES

Hago esta ensalada fácil todo el verano y a menudo la sirvo en una empanadilla con hummus. Llévatela a la próxima comida campestre y sorprende con algo diferente.

2 tarros de 400 gr de judías blancas cocidas, lavadas y escurridas

2 naranjas grandes, peladas y cortadas en cuatro

½ cebolla roja mediana, cortada en daditos

½ taza de aceitunas de Kalamata sin hueso

½ taza de *vinagreta de naranja y finas hierbas* (pág. 53)

Sal marina y copos machacados de pimiento rojo al gusto

4 tazas de espinacas frescas

1. Ponerlo todo en un cuenco grande y mezclarlo bien.
2. Servir sobre un lecho de espinacas frescas o de tu verdura de hoja preferida.

ENSALADA DE FRIJOLES DE OJO NEGRO

PARA 4 RACIONES

Esta ensalada va muy bien con cualquiera de las vinagretas de este libro de cocina, como el *aliño asiático para ensalada* (pág. 51), la *vinagreta de naranja y finas hierbas* (pág. 53) o la *vinagreta para todo* (pág. 50). Esta es otra de las ensaladas que me gusta preparar cuando hay albahaca en el jardín y los tomates han madurado.

3 tarros de 400 gr de frijoles de ojo negro
  cocidos, lavados y escurridos
4 dientes de ajo, picados
6 cebolletas, en rodajas
1 tomate maduro grande, troceado

1 taza de albahaca fresca troceada
½ taza de *vinagreta para todo* (pág. 50),
  o al gusto
Sal marina y pimienta negra al gusto

1. Poner todos los ingredientes en un cuenco; dejar reposar un par de horas en el frigorífico para que los sabores se mezclen.

ENSALADA DE CEBADA FERMENTADA CON MANZANAS Y NUECES

PARA 4 RACIONES

Esta ensalada está llena de sabor y es muy sustanciosa cuando se prepara con abundante cebada fermentada; pero también se puede utilizar cualquier otro cereal que nos venga bien para elaborar este plato. Es una comida perfecta para el final del verano.

1 taza de cebada fermentada
2 ½ tazas de agua
2 manzanas Fuji, sin pepitas y cortadas en dados
1 tallo de apio
2 cucharadas de estragón fresco troceado

½ taza de nueces tostadas troceadas (optativo)
½ taza de *vinagreta para todo* (pág. 50), o al gusto
Sal marina y pimienta negra al gusto

1. En una cacerola pequeña, mezclar la cebada fermentada y el agua.
2. Llevar a ebullición a fuego fuerte, después reducir el fuego a medio y hervir la cebada fermentada cubierta durante 45 minutos.
3. Lavar al grifo la cebada fermentada para enfriarla. Mezclarla con los demás ingredientes en un cuenco removiendo bien. Refrigerar hasta el momento de servir.

ENSALADA DE PASTA Y SÉSAMO VERDE

PARA 4 RACIONES

El cilantro y el tahini parecen hechos el uno para el otro, y hacen muy buena pareja en esta ensalada de pasta. La rúcula le añade un agradable toque picante, pero puedes utilizar espinacas si lo prefieres.

1 paquete de 350 gr de fusilli integral, o de otra pasta en forma de tubo, lavadas y escurridas para enfriarlas
1 taza de *salsa verde* (pág. 58)
3 tazas de rúcula

1 pimiento morrón mediano, cortado en dados
4 cebolletas, en rodajas finas
Sal marina y pimienta negra al gusto

1. Cocer la pasta según las instrucciones del paquete. Lavar y escurrir hasta que enfríe.
2. Poner todos los ingredientes en un cuenco grande y mezclarlos bien.

ENSALADA CON MAYONESA DE PIMIENTOS ROJOS

PARA 6 RACIONES

Me gusta la ensalada de col, pero rara vez me inclino por la versión tradicional cargada de mayonesa, a menos que sea mayonesa de pimiento rojo. Con los pimientos rojos asados se logran ensaladas estupendas y muy agradables a la vista, y el sabor es un contraste perfecto con los platos sencillos, como la *hamburguesa de setas portobello* (pág. 130).

¾ de taza de *mayonesa de pimientos rojos* (pág. 60), o al gusto
400 gr de mezcla preparada para ensalada (unas 7 tazas)
2 cucharadas de eneldo fresco troceado
Pimienta negra al gusto

1. Ponerlo todo en un cuenco y mezclarlo bien removiendo.
2. Para servirla, repartir la ensalada en seis platos. Se puede conservar refrigerada en un recipiente hermético hasta dos días.

ENSALADA DE CACAHUETES

PARA 4 RACIONES

La *ensalada de cacahuetes* es un estupendo giro de la ensalada de col tradicional, que me encanta pero que me aburre un poco. Esta versión más ligera utiliza vinagreta en lugar de la típica mayonesa y es tan versátil como la otra. La como con *tacos de setas* (pág. 212) y con *hamburguesas de setas portobello* (pág. 130). También es estupenda como guarnición para llevar a una comida campestre.

6 tazas de mezcla para ensalada de col
¾ de taza de *aliño asiático para ensalada* (pág. 51)
6 cebollas rojas, troceadas
½ taza de cacahuetes tostados

1. Ponerlo todo en un cuenco y mezclarlo bien removiendo. Se puede conservar refrigerado en un recipiente hermético hasta cinco días.

CONSEJO

Para cambiar, prueba alguna de las divertidas variantes de mezclas para ensalada que encontrarás en tu tienda, como ensalada de brécol o ensalada de cabello de ángel.

BOCADILLOS

BURRITOS DE SETAS A LA PARRILLA, PÁG. 129

Po' Boy con salsa Búfalo 125
Bocadillos de setas desmenuzadas 126
Burritos de setas a la parrilla 129
Hamburguesas de setas Portobello 130
Hamburguesas del suroeste 131
Bocadillos calientes de ensalada de setas 132

PO' BOY CON SALSA BÚFALO

PARA 4 BOCADILLOS PO' BOY

La ensalada de cacahuete suaviza el picante de los *bocaditos de coliflor con salsa Búfalo* usados en esta original variación de los tradicionales bocadillos Po' Boy[*] (generalmente elaborados con ostras, gambas fritas o carne). Y, por supuesto, todos los bocadillos Po' Boy que se hacen en mi casa llevan rodajas de pepinillo

4 panecillos para bocadillo
1 receta de *bocaditos de coliflor con salsa Búfalo* (pág. 91)

1 receta de *ensalada de cacahuetes* (pág. 120)
4-5 rodajas de pepinillos al eneldo
1 cebolla roja pequeña, en rodajas finas

1. Cortar a lo largo los panecillos por la mitad.
2. Poner los *bocaditos de coliflor con salsa Búfalo* en la mitad inferior de los panecillos.
3. Con un cazo, poner algo de la *ensalada de cacahuetes* sobre la coliflor, luego cubrir con las rodajas de pepinillo y las de cebolla roja, y, por último, poner la mitad superior del panecillo. Servir inmediatamente.

---

[*] Po' Boy es un bocadillo típico de Luisiana, Estados Unidos.

BOCADILLOS DE SETAS DESMENUZADAS

PARA 4 BOCADILLOS

Un plato muy apreciado por los amantes de la buena comida es la carne desmenuzada, ya sea de cerdo, pollo o cualquier otra. Me gustan los bocadillos de carne tanto como a cualquiera, pero prefiero descartarla de mi dieta. Aun así, si asisto a una comida al aire libre, me gusta disfrutar de un delicioso bocadillo. Pues bien, resulta que el mío es el más saludable.

1 cebolla amarilla mediana, en rodajas finas

450 gr de setas portobello, cortadas en tiras finas

½ taza de *salsa barbacoa fácil de dátiles* (pág. 65), o al gusto

4 panecillos integrales para bocadillo, cortados a la mitad

Ensalada de cacahuetes (pág. 120)

1. Precalentar una sartén mediana a fuego medio.
2. Poner en ella la cebolla y las setas y saltear durante 5 minutos, hasta que la cebolla empiece a volverse transparente y a dorarse.
3. Añadir la salsa barbacoa y cocinar 3 minutos.
4. Para servir, colocar la mitad inferior de cada panecillo en un plato. Repartir la mezcla de setas entre los cuatro panecillos. Cubrir con la ensalada de cacahuete y la mitad superior de los panecillos.

BURRITOS DE SETAS A LA PARRILLA

PARA 4 BURRITOS

Estos burritos son sustanciosos y están llenos de sabor. Las setas a la parrilla se preparan rápidamente, y si no dispones de arroz cocido, puedes cocinar quinoa o mijo en 15 o 20 minutos. Yo hago una tanda doble de *parrillada de setas*, de manera que pueda comer estos burritos un día, y otro día *tacos de setas a la tailandesa* (pág. 212).

4 tortas de harina integral de 30 cm
1 taza de frijoles refritos
2 tazas de arroz integral cocido o de quinoa

½ receta de *parrillada de setas* (pág. 202)
1 lata de 400 gr de salsa de enchiladas, o 2 tazas de *salsa sin queso* (pág. 73)

1. Precalentar el horno a 190º.
2. Extender las tortas sobre la superficie de trabajo. Repartir los frijoles refritos entre las cuatro tortas, cubriendo la mitad inferior de cada una.
3. Colocar ½ taza del arroz integral cocido sobre los frijoles refritos y cubrir con la *parrillada de setas*. Doblar las tortas sobre el relleno y enrollarlas.
4. Poner los burritos en una bandeja para horno y verter la salsa de enchilada sobre ellos.
5. Hornear 15 minutos, hasta que la salsa burbujee.

HAZLO FÁCIL

Si no tienes a mano salsa de enchilada, utiliza la salsa que prefieras.

HAMBURGUESAS DE SETAS PORTOBELLO

PARA 4 HAMBURGUESAS

En los restaurantes que tienen una opción vegana en el menú, frecuentemente ofrecen alguna clase de hamburguesa vegetal, y la mitad de las veces será una *hamburguesa de setas portobello*. En los mejores restaurantes saben que lo que hace buena a una hamburguesa es lo que le ponemos encima. Me gusta poner todo tipo de ingredientes en mis hamburguesas, como la *ensalada con mayonesa de pimientos rojos* (pág. 119), la *ensalada de cacahuetes* (pág. 120) y hasta las judías cocidas (prueba las *judías al estilo picante* [pág. 194] y verás lo que quiero decir). Vuélvete loco completando esta hamburguesa, o hazlo más sencillo: a veces, la mostaza y el kétchup son todo lo que uno necesita.

4 cabezas de setas portobello
3 cucharadas de vinagre balsámico
1 cucharada de salsa de soja baja en sal,
   o tamari
3 dientes de ajo, picados
2 cucharaditas de albahaca seca
1 cucharadita de orégano seco
½ cucharadita de pimienta negra

4 panecillos integrales para hamburguesa,
   tostados
1 tomate grande en rodajas
4 hojas de lechuga
1 cebolla roja pequeña, en rodajas finas
½ taza de *mayonesa de pimientos rojos*
   (pág. 60), o de tu condimento preferido (kétchup, mostaza, etc.)

1. Precalentar el horno a 220º.
2. Poner las setas con el tallo hacia arriba en una bandeja antiadherente para horno.
3. Poner el vinagre balsámico, la salsa de soja, el ajo, la albahaca, el orégano y la pimienta negra en un cuenco pequeño y mezclar todo bien. Salpicar las cabezas de las setas y dejar reposar 30 minutos.
4. Hornear las setas 10 minutos, volverlas del revés y hornear otro tanto.
5. Poner cada seta sobre la mitad inferior de los panecillos tostados y cubrir con el tomate, la lechuga, las rodajas de cebolla y la *mayonesa de pimientos rojos*, o el condimento que elijas.

VARIACIÓN - Servir la hamburguesa cubierta con *ensalada de cacahuetes* (pág. 120) en lugar de la lechuga, la cebolla roja y los condimentos.

HAMBURGUESAS DEL SUROESTE

PARA 4 HAMBURGUESAS

Raramente compro en la tienda paquetes de hamburguesas vegetales. Por lo general, tienen demasiada grasa añadida y no demasiado sabor. ¿Por qué iba a ir a la tienda a comprarlas cuando puedo preparar estas sabrosas hamburguesas en menos de 30 minutos?

1 taza de agua
½ taza de bulgur (trigo preparado y cocido a medias)
1 taza de frijoles refritos sin grasa de lata
1 cucharada de cebolla granulada
3 cucharadas de cúrcuma en polvo
1 ½ cucharadas de salsa de soja baja en sal, o de tamari

1 cucharada de comino en polvo
3-4 cucharadas de harina de maíz, para hornear
1 taza de salsa
4 panecillos de harina integral para hamburguesa, tostados
1 cebolla roja pequeña, en rebanadas
1 aguacate en rodajas

1. Llevar el agua a ebullición y añadir el bulgur. Volver a llevar a ebullición, apagar el fuego y cubrir la cacerola con una tapa que ajuste. Dejar reposar 10 minutos, o hasta que el bulgur esté tierno y se haya absorbido toda el agua.
2. Poner el bulgur en un cuenco con las judías y las especias y mezclarlo bien. Dividir la mezcla de la hamburguesa en cuatro partes iguales y dar forma de pelota a cada una de ellas. Rebozar las pelotas en la harina de maíz, sacudir el sobrante y aplastarlas para hacer las hamburguesas.
3. Cocinar las hamburguesas en una sartén antiadherente durante 5 minutos; darles la vuelta y cocinarlas 5 minutos más. Como alternativa, precalentar el horno a 175°. Hornear las hamburguesas en una bandeja antiadherente para horno 20 minutos. Darles la vuelta con cuidado y hornear otros 15 minutos.
4. Poner cada hamburguesa sobre la mitad inferior de los panecillos tostados y cubrir con la salsa, la cebolla y el aguacate.

VARIACIÓN - Utilizar la *salsa de maíz y tomate con finas hierbas* (pág. 64) como condimento.

BOCADILLOS CALIENTES DE ENSALADA DE SETAS

PARA 4 BOCADILLOS

Una amiga mía hacía este bocadillo como tentempié de madrugada utilizando la salsa de la pasta que le había sobrado. Yo me enamoré de él y le pregunté varias veces de dónde había sacado la idea de poner esta salsa en un bocadillo, pero no me lo dijo nunca. Esta es mi interpretación de aquel tentempié. Lo como muy a menudo, a veces sobre pan tostado y a veces en un bollo.

1 cebolla mediana, troceada
450 gr de setas crimini
2 cucharaditas de eneldo fresco troceado
Sal marina y pimienta negra al gusto
1 taza de tofu silken o de *puré de coliflor* (pág. 70)

2 cucharadas de piñones tostados
1 cucharadita de zumo de limón recién exprimido
4 hojas de lechuga
4 panecillos integrales para bocadillo

1. Calentar una sartén a fuego medio-alto.
2. Poner en la sartén la cebolla y las setas y saltear 5 minutos. Añadir 1 o 2 cucharadas de agua conforme se necesite para hacer que no se peguen a la sartén.
3. Agregar el eneldo fresco y aderezar con sal marina y pimienta negra. Reservar.
4. En una batidora mezclar el tofu silken o el *puré de coliflor*, los piñones, el zumo de limón y un pellizco de sal y pimienta; hacerlo todo puré hasta que esté suave y cremoso.
5. Poner la mezcla del tofu en la sartén de las setas y mezclarlo todo bien.
6. Colocar las hojas de lechuga en la mitad inferior de cada panecillo y cubrir con la mezcla de las setas. Cubrir con la otra mitad del panecillo.

PASTA
Y PLATOS COCINADOS

PENNE CON SALSA DE MAÍZ Y TOMATE A LAS FINAS HIERBAS, PÁG. 142

Fideos fríos con cacahuetes 136

Fideos con almendras 139

Fideos con naranja y miso 140

Penne con salsa de maíz y tomate
a las finas hierbas 142

Ensalada marroquí de pasta con
judías blancas y tomates secos 143

Salteado veraniego de penne 145

Penne con lentejas rojas
y acelgas 146

Pasta con judías blancas, nueces
de pecán y estragón 149

Pasta con verduras y paté de
judías blancas y miso 150

Penne con salsa tailandesa de
tomate y berenjena 152

Pasta con crema de azafrán 153

Penne con salsa cremosa
de setas y eneldo 154

Pasta Alfredo 157

Macarrones con queso
sin queso 158

Patatas al horno sin queso 161

Guiso de patatas con
crema de azafrán 162

Quinoa asada con crema
de azafrán 165

FIDEOS FRÍOS CON CACAHUETES

PARA 4-6 RACIONES

Me encanta cualquier cosa con mantequilla de cacahuete, sobre todo una cuchara. Solamente tomo mantequilla de cacahuete en platos especiales debido a su alto contenido en grasas, y este es uno de mis platos especiales preferidos. Este plato, como los *fideos con almendras* (pág. 139), se prepara rápidamente. Si cocinas para una o dos personas, puedes poner tanta pasta como quieras en un cuenco, añadirle la cantidad apropiada de salsa y guardar el resto de la salsa para utilizarla con el *Buddha Bowl de judías negras y quinoa* (pág. 207) o la *pizza tailandesa de pita* (pág. 217).

450 gr de espaguetis de harina integral
½ - ¾ de taza de *salsa de cacahuetes casi instantánea* (pág. 57)

1 taza de cebolleta fresca troceada
Cacahuetes troceados como guarnición

1. Cocinar los espaguetis según las instrucciones del envase.
2. Escurrir y lavar los fideos bajo agua fría, y escurrir otra vez.
3. Poner los espaguetis cocidos en un cuenco con la salsa de cacahuetes y remover para mezclarlo todo bien.
4. Servir adornados con la cebolleta y los cacahuetes troceados.

FIDEOS CON ALMENDRAS

PARA 6 RACIONES

La suculenta salsa de este sabroso manjar se prepara incluso antes de terminarse de cocer la pasta. Preparo esta receta cuando tengo prisa por tener lista la cena, y, si he planeado bien la semana, ya tendré pasta hervida en el frigorífico de manera que pueda tener una comida en la mesa en menos de 15 minutos.

450 gr de espaguetis de harina integral
½ taza de mantequilla de almendra
¼ de taza de agua
¼ de taza de vinagre de arroz

2 cucharadas de salsa de soja baja en sal, o de tamari
2 cucharadas de pasta tailandesa de curry rojo
Cilantro fresco troceado como guarnición

1. Cocinar los espaguetis según las instrucciones del paquete.
2. Mientras se cuecen los espaguetis, poner la mantequilla de almendra, el agua, el vinagre de arroz, la salsa de soja y la pasta tailandesa de curry rojo en un cuenco grande y remover para mezclarlo bien todo.
3. Poner los espaguetis hervidos sobre la salsa y remover para mezclarlo todo bien.
4. Servir con el cilantro troceado como adorno.

FIDEOS CON NARANJA Y MISO

PARA 4 RACIONES

Este plato lo como muchísimo en verano. Es ligero, refrescante y apetitoso.

350 gr de fideos de harina integral
Aliño de naranja y miso para ensalada (pág. 54)
4 cebolletas, en rodajas finas
½ taza de cilantro fresco troceado

1. Hervir los fideos según las instrucciones del paquete, después lavarlos bajo el grifo hasta que estén completamente fríos para interrumpir la cocción.
2. Poner los fideos enfriados en un cuenco con el resto de los ingredientes. Mezclar bien.
3. Para servir, repartir los fideos entre cuatro platos.

VARIACIÓN

Hacer una tanda doble del aliño y servir esta receta sobre un lecho de espinacas. Se necesitará 1 taza de verduras de hoja por ración, mezcladas con el aliño para darles sabor. Poner las verduras de hoja en un plato y luego cubrir con la mezcla de los fideos.

PENNE CON SALSA DE MAÍZ Y TOMATE A LAS FINAS HIERBAS

PARA 4 RACIONES

IMAGEN EN LA PÁG. 135

Esta receta me apetece cada verano, cuando los tomates y el maíz están frescos y maduros en el huerto. El aguacate la hace cremosa, pero si quieres un plato más bajo en grasas, puedes no añadirlo.

350 gr de penne de harina integral
Salsa de maíz y tomate con finas hierbas (pág. 64)
1 aguacate maduro, cortado en dados

1. Cocinar la pasta según las instrucciones del paquete.
2. Escurrir y poner en un cuenco con el resto de los ingredientes. Mezclar bien.

HAZLO FÁCIL

Haz una tanda doble de *salsa de maíz y tomate con finas hierbas* y utiliza el sobrante para *tostadas* (pág. 213), o incluso como condimento para las *hamburguesas del suroeste* (pág. 131).

ENSALADA MARROQUÍ DE PASTA CON JUDÍAS BLANCAS Y TOMATES SECOS

PARA 4 RACIONES

La albahaca, la menta y el cilantro son omnipresentes en la comida marroquí. A veces los utilizo todos ellos en este plato, lo que lo hace muy sabroso e intenso.

350 gr de rotini de harina integral

12 mitades de tomate secado al sol (no en aceite), cortadas en tiras finas

1 tarro de 400 gr de judías blancas cocidas, lavadas y escurridas

½ taza de cilantro o albahaca frescos, en trozos pequeños

1 cucharada de menta fresca picada

2 cucharaditas de comino molido

5 cucharadas de zumo de limón o de vinagre balsámico

2 dientes de ajo, picados

Sal marina y pimienta negra al gusto

1. Llevar a ebullición una olla grande de agua.
2. Poner dentro la pasta y hervirla según las instrucciones del paquete, añadiendo los tomates secados al sol en los últimos 5 minutos de cocción. Escurrir y lavar al grifo hasta que se enfríen a temperatura ambiente.
3. Poner la pasta y los tomates en un cuenco grande y añadir las judías, el cilantro, la menta, el comino, el zumo de limón y el ajo. Aderezar con sal marina y pimienta negra al gusto.
4. Refrigerar durante 1 hora para hacer que los sabores se mezclen bien antes de servir.

CONSEJO

Si no eres aficionado a la menta, puedes eliminarla de esta receta. Utiliza zumo de limón fresco, no embotellado; su sabor es completamente diferente. Puedes usar también tomates frescos en lugar de los secados al sol, si están de temporada.

SALTEADO VERANIEGO DE PENNE

PARA 4-6 RACIONES

Adondequiera que voy, la gente intenta darme los tomates, calabacines y albahaca sobrantes de sus huertos. Siempre digo que sí al calabacín, pero tengo más albahaca de mi propio huerto de la que puedo utilizar. Empleo los ingredientes en muchísimos platos, pero inevitablemente acaban también en esta receta.

1 cebolla amarilla mediana, en rodajas finas

1 pimiento morrón grande, cortado en dados de 1,5 cm

1 calabacín grande, cortado a lo largo por la mitad y en rodajas finas

1 taza de tomates cherry, cortados por la mitad

4 dientes de ajo, picados

12 hojas grandes de albahaca, cortadas a mano

350 gr de penne de harina integral, cocidos según las instrucciones del paquete, escurridos (reservar una taza del líquido de cocción de la pasta)

Sal marina y pimienta negra al gusto

1. Saltear la cebolla y el pimiento morrón 5 minutos a fuego medio-alto. Añadir 1 o 2 cucharadas de agua cuando se necesite para hacer que las verduras no se peguen.

2. Añadir el calabacín y los tomates cherry, cocinar 3 minutos más.

3. Agregar el ajo, la albahaca y el agua de cocción de la pasta, y cocinar otro minuto más.

4. Añadir la pasta cocida y aderezar con sal y pimienta. Mezclar bien.

HAZLO FÁCIL

Utiliza la verdura que quieras para hacer este plato, pero recuerda que algunas tardan más en cocinarse que otras, así que es conveniente que las cuezas primero y luego añadas las que son de cocción más rápida. Si quieres utilizar una bolsa de verduras congeladas en lugar del calabacín, el pimiento morrón y los tomates cherry, añádela después de haber cocinado la cebolla 5 minutos, y recuerda no pasarte cocinándolas (las verduras congeladas están por lo general parcialmente cocidas y solo necesitan 5 minutos de cocción).

PENNE CON LENTEJAS ROJAS Y ACELGAS

PARA 4 RACIONES

Las lentejas rojas son de cocción rápida y dan una textura cremosa y un sabor intenso sin emplear mucho esfuerzo. Van bien con la acelga, de sabor suave y también de cocción rápida. Para variar, prepara este plato con espinacas o rúcula, ambas de cocción rápida. La rúcula le añade un agradable toque picante.

4 tazas de caldo de verduras
1 taza de lentejas rojas
3 dientes de ajo, picados
1 cucharadita de tomillo seco

350 gr de penne de harina integral
1 manojo grande de acelgas, troceadas
Sal marina y pimienta negra al gusto

1. En una cacerola grande, poner el caldo de verduras, las lentejas rojas, el ajo y el tomillo y llevar a ebullición a fuego fuerte. Reducir el fuego a medio-bajo y cocer las lentejas 20 minutos, o hasta que estén tiernas.

2. Mientras se cuecen las lentejas, llevar a ebullición una olla grande de agua salada y poner los penne. Hervirlos según las instrucciones del paquete. Escurrir y reservar mientras se termina de hacer la salsa.

3. Cuando las lentejas estén tiernas, añadir las acelgas y cocinar otros 5 minutos.

4. Poner la pasta hervida en la cacerola y aderezarla con sal y pimienta al gusto.

PASTA CON JUDÍAS BLANCAS, NUECES DE PECÁN Y ESTRAGÓN

PARA 4 RACIONES

El estragón es una de mis hierbas aromáticas preferidas y tiene un sabor parecido al regaliz. Va muy bien con las nueces de pecán tostadas y siempre trato de combinar los dos sabores; pero otros frutos secos, como las nueces o los anacardos, también funcionan bien.

350 gr de penne de harina integral
1 cebolla amarilla mediana, cortada en
   dados
4 dientes de ajo, picados
¼ de taza de estragón fresco, troceado
1 tomate grande, cortado en dados

1 tarro de 400 gr de judías blancas cocidas,
   lavadas y escurridas
Sal marina y pimienta negra al gusto
½ taza de nueces de pecán tostadas y
   troceadas

1. Hervir la pasta según las instrucciones del paquete; reservar 1 taza del líquido de la cocción antes de escurrirla.
2. Mientras hierve la pasta, saltear la cebolla en una cacerola grande a fuego medio 8 minutos. Añadir agua, de 1 a 2 cucharadas cuando se necesite, para evitar que se pegue.
3. Agregar el ajo y cocinar otro minuto más. Añadir el estragón, el tomate, las judías blancas y algo del líquido de cocer la pasta. Aderezar con sal marina y pimienta negra y cocinar durante 5 minutos.
4. Añadir la pasta cocida y bastante cantidad del líquido que se ha usado en su cocción para preparar una salsa. Cocinar 1 minuto para dejar que la salsa espese un poco.
5. Servir cubierta con las nueces de pecán troceadas.

CONSEJO

Si quieres prescindir de los frutos secos para reducir las grasas, prepara la cebolla con setas laminadas y sigue la receta tal como está escrita.

PASTA CON VERDURAS Y PATÉ DE JUDÍAS BLANCAS Y MISO

PARA 6 RACIONES

Utilizar como salsa el paté de judías es poco común, pero funciona muy bien cuando aclaras la salsa con un poco de caldo de verduras, y sabe estupendamente.

450 gr de penne de harina integral
1 paquete de 350 gr de verduras variadas
  congeladas (unas 3 tazas)
Paté de judías blancas y miso (pág. 83)

12 cucharaditas de copos de pimiento morrón machacados, o al gusto
8 cebolletas, en rodajas finas

1. Hervir la pasta según las instrucciones del paquete y añadir las verduras congeladas a la olla en los últimos 5 minutos de cocción.
2. Mientras se cuece la pasta, calentar el *paté de judías blancas y miso* en una cacerola grande a fuego medio, removiendo con frecuencia.
3. Cuando haya terminado la cocción de la pasta y las verduras, escurrirlas y añadirlas a la salsa mezclándolas bien.
4. Servir acompañándola con las cebolletas en rodajas.

PENNE CON SALSA TAILANDESA DE TOMATE Y BERENJENA

PARA 6 RACIONES

Para mí, esta salsa es una ratatouille tailandesa, que es un guiso de berenjena muy popular en parte de los Estados Unidos y varias zonas del Mediterráneo, sobre todo en verano. El jengibre, la pasta de curry rojo y la leche de coco son los ingredientes tailandeses clásicos, pero si los descartas y añades albahaca fresca y calabacín troceado, lo que tienes es ratatouille.

450 gr de penne de harina integral
1 cebolla amarilla mediana, cortada en dados
1 berenjena grande, cortada en dados de 1,5 cm
4 tomates maduros grandes, cortados en dados

1 cucharada de jengibre picado
4 cucharadas de pasta tailandesa de curry rojo
1 bote de 400 gr de leche de coco ligera
Sal marina y pimienta negra al gusto
1 taza de hojas de cilantro, troceadas

1. Llevar a ebullición una olla grande de agua. Añadir la pasta al agua hirviendo y cocer según las instrucciones del paquete. Escurrir, pero sin lavar.
2. Saltear la cebolla en una cacerola grande a fuego medio-alto durante 5 minutos. Añadir 1 o 2 cucharadas de agua si se necesita para evitar que se pegue la cebolla.
3. Agregar la berenjena y los tomates y cocinar 10 minutos. Añadir 1 o 2 cucharadas de agua según se necesite para hacer que las verduras no se peguen a la sartén.
4. Incluir el jengibre, la pasta tailandesa de curry rojo y la leche de coco a la olla con las verduras.
5. Remover bien y dejar hervir a fuego lento 5 minutos. Añadir la pasta hervida, aderezar con sal y pimienta y cocinar 2 minutos para que se mezclen los sabores.
6. Servir adornado con cilantro troceado.

PASTA CON CREMA DE AZAFRÁN

PARA 4 RACIONES

A menudo preparo este plato para mis invitados. Ellos se sienten como si se les hubiera invitado a algo especial, y yo no me siento como si hubiera estado todo el día en la cocina.

350 gr de rotini de harina integral
1 ½ taza de guisantes congelados

Crema de azafrán (pág. 71)
Sal marina y pimienta negra al gusto

1. Hervir la pasta según las instrucciones del paquete. Añadir los guisantes congelados en los últimos 4 minutos de cocción.
2. Mientras hierve la pasta, calentar la *crema de azafrán* en una cacerola grande (si se ha hecho de antemano y está fría).
3. Cuando la pasta y los guisantes hayan acabado de cocerse, escurrirlos y añadirlos a la cacerola, dejándolos hervir a fuego lento unos minutos.
4. Añadir sal marina y pimienta negra al gusto.

PENNE CON SALSA CREMOSA DE SETAS Y ENELDO

PARA 4-6 RACIONES

Este plato cremoso de pasta obtiene su delicioso sabor de las setas, el vivo eneldo y los piñones que, al tostarse, se convierten en una explosión de sabor.

1 paquete de 450 gr de cogollos de coliflor congelados

350 gr de penne de harina integral

1 cebolla amarilla mediana, cortada en dados pequeños

450 gr de setas crimini (hongo marrón italiano) o champiñones laminados

2 dientes de ajo, picados

2 cucharadas de eneldo fresco troceado

1 cucharadita de vinagre de vino tinto

Sal marina y pimienta negra al gusto

3 cucharadas de piñones tostados (optativo)

1. Llevar a ebullición una olla grande de agua. Añadir la coliflor y hervir hasta que esté muy tierna, unos 10 minutos.

2. Con un cazo perforado, sacar la coliflor del agua (no descartar el agua de cocción) y ponerla en una batidora. Hacer puré con la coliflor, añadiendo suficiente cantidad del agua de la cocción de la coliflor para alcanzar una consistencia cremosa. Reservar el *puré de coliflor*.

3. Volver a poner a hervir la olla de agua, echarle sal y añadir los penne. Cocerlos según las instrucciones del paquete. Escurrir la pasta y reservarla.

4. Mientras hierve la pasta, saltear la cebolla y las setas en una cacerola grande a fuego medio durante 8 minutos. Añadir 1 o 2 cucharadas de agua cuando se necesite para hacer que no se peguen.

5. Añadir el ajo y el eneldo y cocer otro minuto más.

6. Agregar el *puré de coliflor*, el vinagre de vino tinto y la pasta hervida.

7. Aderezar con sal marina y pimienta negra al gusto. Sevir decorado con los piñones tostados.

HAZLO FÁCIL

Para ahorrar tiempo, se puede utilizar tofu silken suave en lugar de la coliflor, pero no tendrás que cocerlo. Simplemente añádelo a la batidora, hazlo puré con los piñones tostados hasta que esté suave y cremoso y luego añádelo a la mezcla preparada de setas después de haber añadido el ajo y el eneldo.

PASTA ALFREDO

PARA 6 RACIONES

Yo antes preparaba la *pasta Alfredo* tradicional para una buena amiga mía, que la proclamaba «la mejor del mundo». Por supuesto, todos éramos adictos a la grasa de la receta. Esta versión más saludable e integral sigue siendo un premio especial para mí por los frutos secos y las semillas de la salsa, así que la reservo para las ocasiones especiales.

450 gr de fettuccini o lingüini de harina integral
1 taza de *salsa Alfredo* (pág. 74), o al gusto
Sal marina y pimienta negra al gusto

1. Hervir la pasta según las instrucciones del paquete.
2. Escurrir la pasta y ponerla en un cuenco con la *salsa Alfredo*. Mezclar todo bien y rectificar de sal y de pimienta.

MACARRONES CON QUESO SIN QUESO

PARA 6 RACIONES

Se cree que los macarrones con queso es el plato típicamente norteamericano. Existen infinitas formas de prepararlo, pero esta tiene un gusto cremoso muy casero.

350 gr de macarrones, cocinados según las instrucciones del paquete

1 receta de *salsa sin queso* (pág. 73)
1 taza de levadura nutricional

1. Precalentar el horno a 190°.
2. En un cuenco grande, poner los macarrones cocidos, la *salsa sin queso* y la levadura nutricional y mezclar bien todo.
3. Con un cazo, colocar la mezcla en una bandeja para horno de 25 x 35 cm y hornear 25 minutos hasta que la parte de arriba esté ligeramente tostada.

HAZLO FÁCIL

Para una versión más rápida, acabar de calentar en la plancha unos minutos, en lugar de hornearlo.
Si no te gustan los macarrones con queso picantes, disminuye el chile chipotle en adobo que se utiliza para hacer la *salsa sin queso*.

PATATAS AL HORNO SIN QUESO

PARA 6 RACIONES

Esta receta es otra de las formas que me gustan de convertir las habituales patatas guisadas en un plato especial. Cuando la gente me invita a una comida «a lo que salga» y me pregunta qué voy a llevar, frecuentemente digo que patatas guisadas y luego aparezco con este plato en la mano, para gran deleite de los demás invitados.

4 patatas grandes, cepilladas y cortadas en
   rodajas finas
1 cebolla grande, cortada en rodajas finas
2 pimientos poblanos grandes, sin semilla
  y cortados en rodajas finas

1 receta de *salsa sin queso* (pág. 73)
Sal marina y pimienta negra al gusto
1 cucharadita de pimentón

1. Precalentar el horno a 220°.
2. Cocer las patatas al vapor 6 minutos, hasta que estén tiernas.
3. Mientras se cuecen las patatas, saltear la cebolla y los pimientos poblanos en una sartén grande 6 minutos. Añadir 1 o 2 cucharadas de agua cuando se necesite para evitar que se peguen las verduras.
4. Añadir la *salsa sin queso* y cocinar hasta que todo esté caliente. Reservar.
5. Repartir las rodajas cocidas de patata en el fondo de una bandeja para horno de 25 x 35 cm y espolvorear con sal marina y pimienta negra al gusto.
6. Verter la *salsa sin queso* sobre las patatas y espolvorear con pimentón.
7. Hornear 15 minutos, hasta que burbujee y se tueste ligeramente por encima. Dejar enfriar 15 minutos antes de servir.

HAZLO FÁCIL

Frecuentemente horneo varias patatas al principio de la semana y las utilizo para muchos platos a lo largo de los siguientes días, ¡incluso este de aquí! Si tienes patatas asadas de más, puedes utilizarlas en este plato en lugar de las patatas al vapor que pide la receta. Los pimientos poblanos son un poco picantes y tienen un sabor ligeramente más enérgico que los pimientos verdes, pero puedes emplear estos últimos si no puedes encontrar pimientos poblanos.

GUISO DE PATATAS CON CREMA DE AZAFRÁN

PARA 4-6 RACIONES

Mi madre es una gran cocinera de comida casera, pero mi padre tuvo que aprender a cocinar después de que se divorciaran en 1967, de manera que muchas de las primeras cenas de mi padre salían de un envase. El guiso de patatas eran uno de esos platos. Esta versión de una de mis comidas caseras preferidas no sale de un envase, pero es casi tan fácil como cualquiera de las versiones que vienen así, y mucho más sana.

1 kg 350 gr de patatas de piel dorada, cepilladas y cortadas en rodajas finas
2 cebollas amarillas medianas, cortadas en rodajas finas

Sal marina y pimienta negra al gusto
1 receta de *crema de azafrán* (pág. 71)

1. Precalentar el horno a 220º.
2. Poner las patatas en una olla con agua de manera que estén cubiertas y hervir a fuego medio 5-6 minutos, hasta que las patatas empiecen a estar tiernas. No cocerlas de más, ya que acabarán de hacerse en el horno.
3. Mientras se cuecen las patatas, saltear las cebollas a fuego medio hasta que estén ligeramente doradas y tiernas, unos 10 minutos.
4. Poner la mitad de las patatas en una bandeja para horno de 25 x 35 cm. Espolvorear con sal marina y pimienta negra al gusto.
5. Verter la mitad de la *crema de azafrán* sobre las patatas. Cubrir con el resto de las patatas, sazonar con sal marina y pimienta negra otra vez y verter el resto de la *crema de azafrán* sobre la segunda capa de patatas.
6. Rociar las cebollas salteadas sobre la salsa. Hornear 25 minutos, hasta que burbujee.

QUINOA ASADA CON CREMA DE AZAFRÁN

PARA 4 RACIONES

Para mí este plato es un encuentro romántico entre el este y el oeste. La quinoa de Sudamérica, popular y de cocción rápida, se une a la clásica especia mediterránea: el azafrán. Los dos forman una pareja estupenda en este plato fácil de preparar, pero también se puede utilizar arroz integral hervido —la única diferencia es que la quinoa se cocina más rápidamente—. El azafrán es la especia más cara del mundo, de manera que se puede reservar este plato para ocasiones especiales. Todo el mundo creerá que te has pasado todo el día preparándolo, pero yo no se lo diré si tú tampoco lo haces.

2 tazas de agua
1 taza de quinoa, aclarada
Sal marina y pimienta negra al gusto
1 receta de *crema de azafrán* (pág. 71)

1 tarro de 400 gr de garbanzos, escurridos
  y aclarados
1 taza de guisantes congelados
1 calabacín grande, cortado en dados

1. Precalentar el horno a 190º.
2. Llevar el agua a ebullición y añadir la quinoa. Reducir a fuego medio y hervir tapado 15 minutos, hasta que la quinoa esté tierna y se haya absorbido toda el agua.
3. Poner la quinoa hervida en una bandeja para horno cuadrada de 20 x 20 cm junto con los demás ingredientes. Hornear 20 minutos, hasta que burbujee.

SOPAS

Sopa fácil de zanahoria y jengibre 168

Sopa de maíz, tomate y albahaca fresca 169

Sopa de patatas y espinacas 171

Sopa asiática de fideos 172

Sopa Pho fácil 173

Sopa Mulligatawny 174

Sopa húngara de setas 176

Sopa «chowder» cremosa de maíz y pimientos poblanos 177

Sopa de judías negras superfácil 178

Estofado de judías rojas de la isla 181

Sopa de pimiento rojo y boniato 182

Sopa «bisque» de tomate del suroeste 185

SOPA FÁCIL DE ZANAHORIA Y JENGIBRE

PARA 6 RACIONES

Por lo general, no soy muy aficionado a las zanahorias hervidas a menos que formen parte de un estofado suculento y consistente, o hechas puré con jengibre como en esta receta.

1 cebolla amarilla pequeña, cortada en dados
2 tallos de apio, cortados en dados
5-6 tazas de caldo de verduras
1 cucharada de jengibre fresco rallado, o ¾ de cucharadita de jengibre molido
1 cucharada de ajo picado

1 hoja de laurel
2 bolsas de 300 gr de zanahorias congeladas
1 cucharadita de sal marina
Pimienta negra al gusto
Cebolletas troceadas como guarnición (optativo)

1. En una cacerola grande, poner la cebolla, el apio, 5 tazas de caldo de verduras, el jengibre, el ajo y la hoja de laurel a fuego medio y hervir 15 minutos, hasta que las verduras estén tiernas.
2. Añadir las zanahorias congeladas y hervir 5 minutos.
3. Aderezar con sal marina y pimienta negra y hervir otros 5 minutos.
4. Sacar la hoja de laurel y hacer puré directamente en la cacerola utilizando una batidora de mano, o en tandas en una batidora de vaso.
5. Añadir el resto del caldo de verduras si la sopa está demasiado espesa. Probar de sal y añadir si se necesita.
6. Servir adornado con las cebolletas troceadas.

CONSEJO

Si se quiere utilizar zanahorias frescas en lugar de congeladas, se necesitarán unas 4 zanahorias grandes, peladas y cortadas en rodajas finas y cocidas con la cebolla y el apio.

SOPA DE MAÍZ, TOMATE Y ALBAHACA FRESCA

PARA 4 RACIONES

IMAGEN EN LA PÁG. 167

Generalmente solo hago esta sopa ligera en verano, fundamentalmente porque utilizo solo tomates frescos cuando están de temporada y maduros. Se prepara con rapidez, sin pasar calor en la cocina; es fresca y ligera, y no me resulta pesada en verano.

1 cebolla amarilla mediana, cortada en dados
4 dientes de ajo, picados
1 tomate maduro grande, cortado en dados
2 ½ tazas de caldo de verduras

3 tazas de maíz congelado
2 cucharaditas de hojas de tomillo fresco
1 taza de hojas de albahaca fresca, troceadas
Sal marina y pimienta negra al gusto

1. En una cacerola grande, saltear la cebolla a fuego medio durante 8 minutos. Añadir 1 o 2 cucharadas de agua cuando se necesite para evitar que se pegue la cebolla.
2. Añadir el ajo y cocinar otro minuto más.
3. Agregar el tomate, el caldo de verduras, el maíz congelado y el tomillo y cocinar sin tapar durante 12 minutos.
4. Añadir la albahaca y aderezar con sal marina y pimienta negra. Retirar del fuego.

CONSEJO

Para un sabor más intenso, hacer puré con la mitad de la sopa.

SOPA DE PATATAS Y ESPINACAS

PARA 4 RACIONES

En primavera preparo esta sopa con espinacas, y en el verano y el otoño la hago con acelga o col rizada. Por lo general, cuando utilizo verdura que no sea espinaca, no la hago puré, ya que no me gusta tanto el sabor.

1 manojo de cebolleta en rodajas
1 l de caldo de verduras
3 patatas amarillas grandes, peladas y cortadas en dados
2 cucharaditas de tomillo seco

1 ½ cucharadita de cilantro molido
6 tazas de espinacas baby troceadas, o 1 paquete de 300 gr de espinacas congeladas troceadas
Sal marina y pimienta negra al gusto

1. Poner la cebolleta, el caldo de verduras, las patatas, el tomillo y el cilantro en una cacerola grande y llevar a ebullición despacio a fuego medio. Hervir de 10 a 12 minutos, hasta que las patatas estén tiernas.
2. Añadir las espinacas troceadas y hervir otros 5 minutos, hasta que la espinaca se quede lacia.
3. Hacer puré con la mitad de la sopa en una batidora. Aderezar con sal y pimienta al gusto y hervir otros 5 minutos.

SOPA ASIÁTICA DE FIDEOS

PARA 4 RACIONES

Es posible que la lista de ingredientes de esta sopa parezca larga, pero se prepara rápidamente y es increíblemente sabrosa.

4 tazas de col china cortada muy fina

10 setas shiitake, sin tallos y cortadas en láminas

1 pimiento morrón pequeño, sin semillas y troceado

6 tazas de caldo vegetal

3 cucharadas de salsa de soja baja en sal, o de tamari (al gusto)

2 cucharadas de sirope de arroz integral (optativo)

1 cucharada de ajo picado

1 cucharadita de jengibre molido

½ taza de albahaca o cilantro frescos troceados muy finos

1 manojo de cebolletas (unas 10), en rodajas

120 gr de fideos de harina integral, hervidos según las instrucciones del paquete.

1. Saltear la col, las setas y el pimiento morrón durante 7 minutos en una olla grande. Añadir 1 o 2 cucharadas de agua cuando se necesite para evitar que las verduras se peguen.

2. Agregar el caldo de verduras, la salsa de soja o el tamari, el sirope de arroz integral, el ajo y el jengibre molido. Llevar la olla a ebullición a fuego medio-alto y hervir durante 15 minutos.

3. Mientras hierve la mezcla de verduras, cocinar la pasta según las instrucciones del paquete.

4. Añadir la albahaca o el cilantro, las cebolletas y los fideos cocidos a la olla grande. Hervir a fuego lento 5 minutos para maridar los sabores.

SOPA PHO FÁCIL

PARA 4 RACIONES

Esta popular sopa vietnamita de fideos está llena de sabor fresco por las finas hierbas que se añaden al servir el plato. Generalmente es una sopa difícil de preparar, pero no en esta versión. El anís estrellado y la canela le dan a la sopa un sabor especial que complementa el fresco sabor herbal. Si se puede encontrar albahaca tailandesa, utilizarla.

250 gr de espaguetis de harina integral o de fideos de arroz integral
6 tazas de caldo de verduras bajo en sal
1 palito de canela de unos 8 cm
1 anís estrellado entero
1 cebolla amarilla pequeña, en rodajas finas
4 dientes de ajo, picado
1 cucharada de jengibre fresco picado

2 coles chinas baby, en rodajas finas
1 taza de edamame congelado y sin vaina
2 cucharadas de salsa de soja baja en sal, o de tamari
Brotes de judía mungo (adorno)
Albahaca fresca (adorno)
Gajos de lima (adorno)
Pimientos serranos, en rodajas finas (adorno)

1. Cocer los espaguetis según las instrucciones del paquete. Escurrir y repartirlos en cuatro cuencos.

2. Mientras hierven los espaguetis, poner en una cazuela el caldo de verduras, el palito de canela, el anís estrellado, la cebolla, el ajo y el jengibre y llevar a ebullición a fuego fuerte. Reducir el fuego a medio y hervir despacio el caldo durante 5 minutos.

3. Añadir la col china, el edamame y la salsa de soja o tamari y cocinar otros 8 o 10 minutos, hasta que la col esté tierna.

4. Sacar el palito de canela y el anís estrellado y después, con un cazo o un cucharón, el caldo y las verduras y verterlo todo sobre la pasta en los cuencos. Servir la sopa de fideos con los adornos.

SOPA MULLIGATAWNY

PARA 4 RACIONES

Te gustará esta sopa, incluso si no eres muy aficionado al curry. El sabor de la especia india mejor conocida es muy discreto en esta receta. La mulligatawny se elabora normalmente con manzanas frescas, pero me gusta el dulzor que las peras le aportan a esta sopa.

1 cebolla amarilla pequeña, cortada en dados
2 tallos de apio, cortado en dados
2 cucharaditas de curry tostado en polvo
4 tazas de caldo de verduras
½ taza de lentejas rojas

1 bolsa de 350 gr de verduras variadas congeladas
2 peras, sin semillas y troceadas
1 ½ taza de arroz integral hervido
Sal y pimienta al gusto

1. En una cacerola grande, poner la cebolla, el apio, el curry en polvo, el caldo de verduras y las lentejas rojas y cocinar a fuego medio durante 20 minutos.
2. Añadir las verduras congeladas y las peras troceadas y cocer 10 minutos. Agregar el arroz integral hervido
3. Aderezar con sal marina y pimienta negra al gusto y cocer 5 minutos más.

CONSEJO

Para tostar las especias, ponlas en una sartén a fuego medio. Tuéstalas removiendo frecuentemente, hasta que las especias liberen su olor, unos 3 o 4 minutos.

SOPA HÚNGARA DE SETAS

PARA 4 RACIONES

He tenido ocasión de probar esta sopa hecha por uno de los mejores chefs que conozco, y, aunque por lo general no me gustan las sopas «agrias», me enamoré de esta. El eneldo fresco hace que esta sopa sea completamente diferente, pero el eneldo seco también funcionará en su lugar. Si el eneldo que tienes está un poco viejo, necesitarás poner más de 2 cucharadas.

2 cebollas grandes, troceadas
700 gr de setas crimini, laminadas
2 cucharadas de eneldo fresco picado
1 ½ cucharadas de pimentón

3 tazas de caldo de verduras
2 tazas de *puré de coliflor* (pág. 70)
3 cucharadas de vinagre de vino tinto
Sal y pimienta negra al gusto

1. En una cacerola grande, saltear la cebolla durante 7 u 8 minutos, hasta que empiece a dorarse. Añadir 1 o 2 cucharadas de agua cada vez para evitar que se pegue a la cacerola.
2. Agregar el eneldo, el pimentón, el caldo de verduras y el *puré de coliflor* y cocer a fuego lento durante 15 minutos.
3. Añadir el vinagre de vino tinto y aderezar con sal y pimienta al gusto.

SOPA «CHOWDER» CREMOSA DE MAÍZ Y PIMIENTOS POBLANOS

PARA 4 RACIONES

Las «chowder» son estofados de mariscos o de verduras que se elaboran normalmente con leche y con frecuencia se espesan con galletas saladas. Esta versión utiliza *puré de coliflor* como la leche y el espesante a la vez, con sabrosos resultados.

3 tazas de cogollos de coliflor congelada
3 tazas de caldo de verduras
1 cebolla amarilla grande, cortada en dados
2 pimientos poblanos grandes, sin semillas y cortados en dados

1 ½ cucharadita de comino molido
1 ½ cucharadita de tomillo seco
1 ½ cucharadita de orégano seco
1 bolsa de 300 gr de maíz congelado
Sal marina y pimienta negra
Cilantro fresco troceado

1. En una olla de 2 litros, poner la coliflor y el caldo de verduras y llevar a ebullición a fuego fuerte. Reducir el fuego a medio y cocinar la coliflor hasta que esté muy tierna, unos 10 minutos.
2. Poner la mezcla en una batidora con tapa ajustada y cubrirla con un paño. Hacer puré la coliflor hasta que esté suave y cremosa, unos 3 minutos.
3. Mientras se cuece la coliflor, saltear la cebolla y los pimientos poblanos en una cacerola grande a fuego medio 8 minutos. Añadir 1 o 2 cucharadas de agua cuando se necesite para evitar que se peguen las verduras.
4. Agregar el comino, el tomillo y el orégano a las cebollas y los pimientos y cocer otro minuto más.
5. Añadir el maíz y el *puré de coliflor* y cocinar a fuego medio 15 minutos.
6. Aderezar con sal marina y pimienta negra y cocinar 5 minutos más. Adornar con cilantro fresco.

SOPA DE JUDÍAS NEGRAS SUPERFÁCIL

PARA 4 RACIONES

Se puede preparar esta deliciosa sopa sin tostar las especias, pero el sabor será muy diferente. Las especias pasan muy rápidamente de tostarse a quemarse, así que no las pierdas de vista.

1 cucharada de comino molido
2 cucharadas de orégano seco
3 tazas de caldo de verduras
1 lata de 400 gr de tomate cortado en dados
3 dientes de ajo, picados

3 tarros de 400 gr de judías negras cocidas, lavadas y escurridas
Sal marina y pimienta negra al gusto
Cebolleta troceada
Cilantro fresco troceado

1. En una cacerola grande, tostar el comino y el orégano de 3 a 4 minutos a fuego medio, hasta que las especias empiecen a humear.

2. Añadir el caldo de verduras, los tomates, el ajo y las judías negras y cocinar 15 minutos.

3. Aderezar con sal marina y pimienta negra. Cocinar 5 minutos para maridar los sabores.

4. Servir las cebolletas y el cilantro como adornos.

ESTOFADO DE JUDÍAS ROJAS DE LA ISLA

PARA 6 RACIONES

A las cebollas, pimiento, ajo y cilantro cocinados con salsa de tomate se los llama *sofrito*, que se utiliza habitualmente en la cocina del Caribe y mediterránea para dar sabor a los alimentos. En cada casa se cocina de una manera, y todos creen que la suya es la mejor.

1 cebolla pequeña, cortada en dados pequeños

2 pimientos poblanos medianos, cortados en dados pequeños

4 dientes de ajo, picados

½ taza de cilantro fresco troceado

2 tarros de 400 gr de judías rojas de riñón (unas 7 tazas), cocidas, lavadas y escurridas

½ taza de salsa de tomate

1 cucharadita de orégano seco

Sal y pimienta negra al gusto

2 ½ tazas de caldo de verduras

1. En una cacerola grande, saltear la cebolla y los pimientos poblanos a fuego medio-alto. Cocinar 5 minutos, añadiendo 1 o 2 cucharadas de agua cuando se necesite para evitar que se peguen las verduras.
2. Añadir el ajo y el cilantro y cocinar 1 minuto
3. Agregar las judías rojas, la salsa de tomate, el orégano, la sal marina y la pimienta negra. Mezclar todo bien.
4. Añadir el caldo de verduras y llevar la cacerola a ebullición a fuego fuerte. Reducir el fuego a medio y dejar hervir despacio 20 minutos, removiendo de vez en cuando.

SOPA DE PIMIENTO ROJO Y BONIATO

PARA 4 RACIONES

El romero, la nuez moscada y la cáscara de naranja son los que dan vida al sabor del boniato, el puerro y el pimiento rojo en esta sopa.

2 puerros grandes (las partes blancas y verdes), cortados en dados y aclarados

1 pimiento morrón grande, cortado en dados

1 cucharadita de romero seco

1 ¼ cucharadita de nuez moscada

3 boniatos grandes, pelados y cortados en dados

4 tazas de caldo de verduras

1 cáscara de naranja

Sal marina y pimienta negra al gusto

1. En una cacerola grande, saltear los puerros y el pimiento 5 minutos. Añadir 1 o 2 cucharadas de agua cuando se necesite para evitar que se peguen las verduras.

2. Añadir el romero, la nuez moscada, los boniatos, el caldo de verduras y la cáscara de naranja. Llevar a ebullición a fuego fuerte. Reducir el fuego a medio y cocinar la sopa hasta que los boniatos estén tiernos, unos 12 minutos.

3. Aderezar la sopa con sal y pimienta y cocinar unos minutos más para permitir que los sabores se mariden. Hacer puré con la mitad de la sopa para conseguir una consistencia más cremosa.

CONSEJO

Se pueden utilizar boniatos de lata para esta sabrosa sopa. Se necesitarán 2 latas de 400 gr de puré de boniato. En esta receta también se pueden utilizar calabazas de cualquier tipo, pero prefiero los boniatos.

SOPA «BISQUE» DE TOMATE DEL SUROESTE

PARA 4 RACIONES

Las bisques son sopas a base de puré de base cremosa, elaborado de cualquier verdura o conjunto de verduras. Hacer puré con verduras intensifica su sabor. Antes yo comía bisque como salsa para mojar pan. Mi madre tuvo que limitarme a uno o dos pedazos de pan por comida, porque de otra manera podría comerme la mitad de una hogaza.

3-4 tazas de caldo de verduras
2 tomates grandes, cortados en dados
1 bolsa de 350 gr de coliflor congelada, o 1 paquete de tofu silken muy suave
4 dientes de ajo, picados

2 dátiles deshuesados (optativo)
1 cucharada de comino molido tostado
2 cucharaditas de orégano seco tostado
2 pimientos chipotle en adobo
1 cucharadita de sal marina

1. En una olla mediana, poner todos los ingredientes y cocer a fuego medio 10 o 12 minutos, hasta que la coliflor esté tierna.
2. Preparar el puré por tandas, añadiendo más caldo de verduras a medida que se necesite para lograr una consistencia cremosa.

HAZLO FÁCIL

La mayoría de las recetas de este libro permiten utilizar tofu silken como sustituto de la coliflor, sobre todo como una manera de ahorrar tiempo. Si lo haces en esta receta, cocina todo menos el tofu, haz puré con él en una batidora hasta que esté suave y cremoso y añádelo a la sopa justo al final de la cocción.
Para tostar el comino molido, ponlo en una sartén para saltear a fuego medio-bajo y déjalo cocinar hasta que empiece a liberar el aroma.
Los dátiles de esta receta equilibran muy bien la acidez de la sopa, pero si te gustan los sabores más fuertes, puedes descartarlos.

ENTRANTES

CUSCÚS CON MENTA, PIÑONES Y GARBANZOS, PÁG.188

Cuscús con menta, piñones y garbanzos **188**

Salteado de brécol, pimiento rojo y arroz integral **189**

Curry de verduras y frutas **191**

Quinoa y judías blancas con limón y aceitunas **192**

Pastelitos de pimiento, maíz y quinoa **193**

Judías al estilo picante **194**

Tortas de polenta con crema de azafrán y espinacas **196**

Tortitas de pimiento rojo, maíz y calabacín **197**

Estofado mediterráneo de verduras **198**

Ragú de berenjena, tomate y aceitunas **199**

Costillas de berenjena confitada **201**

Parrillada de setas **202**

Setas picantes **204**

Cuenco de burritos **205**

Buddha Bowl de judías negras y quinoa **207**

Cuenco de falafel **208**

Tacos de falafel **211**

Tacos de setas **212**

Tostadas **213**

Coliflor a la parmesana **214**

Pizza mediterránea de pita **217**

Pizza Alfredo de pita **218**

CUSCÚS CON MENTA, PIÑONES Y GARBANZOS

PARA 4 RACIONES

IMAGEN EN LA PÁG. 187

El cuscús es una pasta de cocción rápida que se utiliza mucho en platos mediterráneos. Este es uno de los que consumo a menudo cuando no quiero pasarme mucho tiempo en la cocina.

3 tazas de caldo de verduras
1 ½ taza de cuscús de harina integral
2 cucharadas de cilantro molido
1 tarro de 400 gr de garbanzos cocidos, lavados y escurridos

¼ de taza de menta fresca cortada fina
3 cucharadas de piñones tostados (optativo)
1 cáscara de limón
Sal marina y pimienta negra al gusto

1. En una olla de 2 litros con tapa que ajuste bien, llevar a ebullición el caldo de verduras. Añadir el cuscús.
2. Cubrir con la tapa y dejar reposar 5 minutos, hasta que se absorba toda el agua. Añadir el resto de los ingredientes, ahuecar la sémola con un tenedor y aderezar con sal marina y pimienta negra al gusto.

CONSEJOS

Para una versión sin gluten, se puede cocer 1 ½ taza de quinoa en 3 ½ tazas de caldo de verduras unos 15 minutos, y luego seguir con la receta.
Si no te gusta la menta, el cilantro o la albahaca son buenos como sustitutos.

SALTEADO DE BRÉCOL, PIMIENTO ROJO Y ARROZ INTEGRAL

PARA 2 RACIONES

Una vez por semana hago una tanda de *salsa de dátiles y soja salteados*, de manera que pueda preparar el salteado cuando quiera que desee una comida sana y rápida. A veces utilizo verduras frescas, y otras veces saco una bolsa de verduras del congelador. De cualquier manera, tengo una comida saludable y llena de sabor sin mucho esfuerzo.

1 cebolla amarilla mediana, cortada en rodajas finas
1 pimiento morrón mediano, cortado en rodajas finas
2 tazas de cogollos congelados de brécol

¾ de *salsa de dátiles y soja salteados* (pág. 67)
2 tazas de arroz integral hervido
1 taza de brotes de judía mungo

1. Calentar una sartén grande a fuego fuerte. Añadir la cebolla y el pimiento morrón y cocinar de 2 a 3 minutos removiendo frecuentemente.
2. Añadir el brécol y cocinar 1 minuto, agregando 1 o 2 cucharadas de agua cuando se necesite para evitar que las verduras se peguen.
3. Añadir la salsa del salteado y el arroz integral hervido y cocinar durante 2 o 3 minutos, hasta que el brécol se caliente por entero. Incorporar los brotes de judía mungo y retirar del fuego.

CURRY DE VERDURAS Y FRUTAS

PARA 4 RACIONES

Me encantan los sabores dulces, salados y picantes de este plato. Se equilibran unos a otros estupendamente. La lista de ingredientes parece larga en este curry, pero se puede hacer más fácil comprando cebollas y pimientos congelados ya troceados. Se necesita aproximadamente 1 taza de cada. Sírvelo sobre arroz integral hervido, quinoa o tu cereal preferido.

1 cebolla grande, troceada
1 boniato grande, pelado y cortado en dados grandes
¼ de taza de agua
2 tazas de zumo de manzana sin edulcorar, o de caldo de verduras
1 calabacín grande, en trozos
1 pimiento verde, troceado

1 manzana Granny Smith grande, troceada
¼ de taza de pasas sultanas
3 dientes de ajo, picados
1 cucharadita de cúrcuma molida
2 cucharaditas de curry en polvo
1 cucharadita de canela molida
Sal marina y pimienta negra al gusto

1. En una cacerola grande, saltear la cebolla a fuego medio 5 minutos.
2. Añadir el boniato y el agua y hervir 5 minutos hasta que el boniato empiece a estar tierno.
3. Añadir el resto de los ingredientes y hervir 10 minutos. Aderezar con sal marina y pimienta negra al gusto y hervir 5 minutos más.

CONSEJO

Las peras maduras funcionan muy bien en lugar de las manzanas, y tómate la libertad de utilizar tus frutas desecadas preferidas en lugar de las pasas (trocea las frutas grandes, como los albaricoques).

QUINOA Y JUDÍAS BLANCAS CON LIMÓN Y ACEITUNAS

PARA 4 RACIONES

Todavía me sorprende la gran cantidad de gente para la que preparo comidas, en actividades públicas o en mi propia casa, que no ha probado nunca la quinoa. Es un cereal delicioso y nutritivo, lleno de vitaminas y minerales, y muy fácil de cocinar. Esta receta era uno de esos platos mediterráneos de arroz que me gustaba preparar, hasta que me di cuenta de que podía tener la comida lista más rápidamente si utilizaba quinoa en lugar del arroz. Así fue como esta versión se convirtió en un *plato fusión* (ya que la quinoa es originaria de Sudamérica).

1 ½ taza de quinoa, aclarada
3 tazas de caldo de verduras bajo en sal
1 cebolla amarilla grande, cortada en dados
4 dientes de ajo, picados
2 cucharadas de albahaca seca

1 tarro de 400 gr de judías blancas cocidas, lavadas y escurridas
1 taza de aceitunas de Kalamata sin hueso, troceadas ligeramente
El zumo de 1 limón
Sal marina y pimienta negra al gusto

1. En una cacerola mediana, poner la quinoa y el caldo de verduras y llevar a ebullición. Cubrir con una tapa que ajuste bien, reducir a fuego medio y cocinar la quinoa durante 15 minutos hasta que esté tierna.
2. Mientras se cuece la quinoa, saltear la cebolla en una sartén grande durante 8 minutos. Añadir 1 o 2 cucharadas de agua cuando se necesite para evitar que se pegue.
3. Añadir el ajo, la albahaca, las judías blancas y las aceitunas y cocer 5 minutos. Agregar la quinoa cocida y el zumo de limón. Aderezar con sal y pimienta al gusto y cocer 5 minutos más.

PASTELITOS DE PIMIENTO, MAÍZ Y QUINOA

PARA 4 RACIONES

La quinoa tiene un ligero sabor a nuez y una textura poco común, casi como la tapioca. También se prepara rápidamente. Estos pastelitos son ideales como acompañamiento, sobre todo cuando el tiempo apremia.

¾ de taza de quinoa, aclarada

1 ½ taza de agua

1 cebolla amarilla mediana, cortada en dados pequeños

1 pimiento poblano, cortado en dados pequeños

1 cucharadita de comino molido

1 paquete de 300 gr de maíz congelado (aproximadamente 1 ¾ taza)

¼ de taza de cúrcuma en polvo

Sal marina y pimienta negra al gusto

1 taza de *salsa sin queso* (pág. 73), o de tu salsa preferida

1. Poner la quinoa en una cacerola mediana con el agua. Llevar a ebullición a fuego fuerte. Reducir a fuego medio, cubrir la cacerola y hervir durante 15 minutos o hasta que la quinoa esté tierna.

2. Precalentar el horno a 190º.

3. Mientras se cuece la quinoa, saltear la cebolla y el pimiento poblano en una sartén a fuego medio 5 minutos. Añadir 1 o 2 cucharadas de agua cuando sea necesario para evitar que las verduras se peguen.

4. Agregar el comino y el maíz y cocer 2 minutos. Añadir la quinoa hervida y la cúrcuma en polvo y mezclar bien. Aderezar con sal y pimienta al gusto.

5. Dar forma de pastelitos a la mezcla de la quinoa utilizando una cuchara para helados pequeña; colocarlos sobre una bandeja antiadherente para horno o sobre una que esté forrada de papel para hornear. Aplastar suavemente los pastelitos hasta que tengan un grosor de 1,5 cm.

6. Hornearlos durante 20 minutos. Servir con *salsa sin queso* u otra salsa.

JUDÍAS AL ESTILO PICANTE

PARA 4 RACIONES

Preparo estas judías cuando me apetece una alternativa al típico guiso de judías. Me encantan las judías de ojo negro de cualquier manera que se preparen, pero yo utilizo cualquier variedad para preparar este plato.

1 cebolla amarilla mediana, cortada en dados
1 pimiento morrón, cortado en dados
1 lata de 400 gr de tomate triturado

2 cucharaditas de *crema de especias picantes* (pág. 63) o más, al gusto
2 tarros de 400 gr de judías de ojo negro cocidas, lavadas y escurridas
Sal marina al gusto

1. Saltear la cebolla y el pimiento en una cacerola a fuego medio 5 minutos, hasta que la cebolla empiece a dorarse. Añadir 1 o 2 cucharadas de agua cuando sea necesario para evitar que se pegue.
2. Agregar el tomate triturado, la *crema de especias picantes* y las judías de ojo negro hervidas. Cocinar a fuego lento 15 minutos. Aderezar con sal marina y cocinar unos minutos más.

TORTAS DE POLENTA CON CREMA DE AZAFRÁN Y ESPINACAS

PARA 4 RACIONES

Si puedes, compra polenta precocinada en la sección de alimentos naturales de tu supermercado; si no, puedes preparar una *polenta fácil y cremosa*. La polenta, como la mayoría de los cereales, se adapta bien a muchos sabores, incluso al azafrán. Si lo prefieres, puedes utilizar rúcula en lugar de espinacas.

1 paquete de polenta precocinada o 1 receta de *polenta fácil y cremosa* (pág. 42), puesta en moldes para magdalenas
700 gr de espinacas baby frescas

Sal marina y pimienta negra al gusto
1 receta de *crema de azafrán* (pág. 71), calentada

1. Cortar la polenta en círculos de 2 cm de grosor. Colocarlos en una sartén antiadherente y calentarlos a fuego medio-bajo unos 3 minutos. Voltearlos y calentarlos por el otro lado otros 3 minutos.
2. Retirar los círculos de polenta de la sartén y reservarlos. Añadir las espinacas con un poco de agua, sal y pimienta. Es posible que haya que añadir las espinacas en tandas.
3. Cocinar hasta que las espinacas queden lacias, unos 5 minutos. Repartir en cuatro platos y cubrir con las tortas de polenta. Servir con *crema de azafrán* por encima.

TORTITAS DE PIMIENTO ROJO, MAÍZ Y CALABACÍN

PARA 4 RACIONES

Suelo tomar estas tortitas en verano, cuando es temporada de calabacines y albahaca. Puedes ponerle un poco de tu crema vegetal favorita, pero yo los como tal cual, con ensalada o arroz integral. Son, de por sí, cremosos y sabrosos, así que no necesitan mucho más.

2 calabacines medianos, rallados (unas 3 tazas)
6 cebolletas, cortadas en rodajas finas
1 ½ taza de maíz, fresco o congelado
½ pimiento morrón grande, cortado en rodajas finas

½ taza de albahaca fresca, en trozos pequeños
½ taza de harina integral para hojaldre
1 cucharadita de levadura en polvo
Sal marina y pimienta negra al gusto

1. Rallar los calabacines con los agujeros grandes de un rallador. Colocar esta raspadura en un cuenco con el resto de los ingredientes y mezclar todo bien.
2. Calentar una sartén antiadherente a fuego medio.
3. Verter la mezcla de los calabacines en medidas de ½ taza sobre la sartén caliente. Cocinar 4 minutos sin tocarla. Darle la vuelta suavemente y cocinar el otro lado 3 minutos.

ESTOFADO MEDITERRÁNEO DE VERDURAS

PARA 4 RACIONES

La canela, el cilantro y el azafrán son sabores clásicos en algunas partes del Mediterráneo. A pesar de que para la preparación de muchos estofados se necesitan horas, este solamente tarda 30 minutos y no pierde nada de sabor. Sírvelo sobre cuscús, arroz integral o cualquier otro cereal que tengas.

1 cebolla amarilla mediana, cortada en dados

1 pimiento morrón grande, cortado en cubitos de 2 cm

2 tazas de caldo de verduras

1 paquete de 450 gr de verduras congeladas (buscar una mezcla de verduras grandes y robustas)

1 tarro de 400 gr de garbanzos cocidos, lavados y escurridos

1 lata de 400 gr de salsa de tomate

1 cucharadita de canela molida

1 cucharadita de cilantro molido

1 pellizco generoso de azafrán

Sal marina y pimienta negra al gusto

Cilantro fresco troceado como guarnición

1. Saltear la cebolla y el pimiento morrón 5 minutos. Añadir 1 o 2 cucharadas de agua cuando se necesite para evitar que se peguen.

2. Añadir el resto de los ingredientes (menos el azafrán) y cocinar, tapado, a fuego medio durante 12 minutos.

3. Aderezar con sal marina y pimienta negra al gusto y cocinar otros 5 minutos. Servir con guarnición de cilantro troceado.

RAGÚ DE BERENJENA, TOMATE Y ACEITUNAS

PARA 4 RACIONES

A veces uno todas las sobras y las echo en una olla a ver qué pasa. Este es uno de mis resultados preferidos. Un día, quería preparar un salteado de berenjena y pensé que tenía salsa de salteados hecha. Resultó que no, pero sí que tenía hummus... el resto es historia. El *hummus de pesto de albahaca* es un complemento perfecto para la berenjena, el tomate y las aceitunas. Es cremoso, pero no pesado. Cómelo acompañado de cereal cocido, o revuelto con tu pasta integral preferida.

1 cebolla grande, cortada en dados
1 berenjena grande, cortada en dados de
   1,5 cm (unas 7 u 8 tazas)
1 tomate grande, cortado en dados

1 taza de aceitunas de Kalamata
1 taza de *hummus de pesto de albahaca*
   (pág. 79)

1. Saltear la cebolla y la berenjena 8 minutos a fuego medio. Añadir 1 o 2 cucharadas de agua cuando se necesite para evitar que se peguen las verduras.
2. Añadir el tomate y las aceitunas y cocinar 5 minutos más.
3. Añadir el *hummus de pesto de albahaca* y cocinar 5 minutos hasta que burbujee.

CONSEJO

Por cambiar, la *crema de azafrán* (pág. 71) es una alternativa estupenda.

COSTILLAS DE BERENJENA CONFITADA

PARA 4-6 RACIONES

Puedes servirlas como bocadillo con la *ensalada con mayonesa de pimientos rojos* (pág. 119) o la *ensalada de cacahuetes* (pág. 120), o bien sobre arroz integral hervido o quinoa con verduras al vapor.

1 berenjena grande, cortada en rodajas de 1,5 cm
¼ de taza de salsa de soja baja en sal, o de tamari

¼ de taza de *puré de dátil en dos minutos* (pág. 68), o de sirope de arce
2 cucharadas de mostaza de Dijon
¼ de cucharadita de pimienta de Cayena (optativo)

1. Precalentar el horno a 190°. Colocar las rodajas de berenjena sobre una bandeja para horno antiadherente o forrada con papel para hornear.
2. En un cuenco pequeño, mezclar la salsa de soja o tamari, el puré de dátil o el sirope de arce, la mostaza de Dijon y la pimienta de Cayena y batirlos para mezclarlos bien.
3. Verter la mezcla de tamari/soja sobre las rodajas de berenjena. Hornearlas 2 minutos.

PARRILLADA DE SETAS

PARA 4 RACIONES

La *parrilla* es una forma de cocinar lentamente la carne en una hoguera, que supuestamente se originó en el Caribe (aunque los seres humanos han estado cocinando de esta manera desde que se descubrió el fuego). La parrilla se ha convertido en una tendencia muy popular entre los amantes de la buena comida. Yo utilizo una mezcla de especias muy conocida en este estilo barbacoa para cocinar esta receta de setas de preparación rápida. Puedes servir este plato fácil y sabroso sobre arroz integral o quinoa para una comida sencilla, o utilizarlo para dar sabor a los *tacos de setas* (pág. 212), o los *burritos de setas a la parrilla* (pág. 129)

4 dientes de ajo
1 cebolla mediana, troceada ligeramente, dividida en dos
3 cucharadas de zumo de lima
2-3 pimientos chipotles en adobo
1 cucharada de comino molido

1 cucharada de orégano molido
1 pellizco de clavo molido
1 kg de setas portobello, cortadas en dados de 1,5 cm
Sal marina y pimienta negra al gusto

1. Poner el ajo, la mitad de la cebolla, el zumo de lima, los pimientos chipotles, el comino, el orégano y los clavos en una batidora y batir hasta que esté suave. Reservar.
2. Calentar una sartén grande a fuego medio-alto. Añadir el resto de la cebolla y las setas y cocinar removiendo frecuentemente, hasta que las setas hayan soltado el jugo y se hayan hecho, unos 10 minutos.
3. Aderezar con sal marina y pimienta negra al gusto. Añadir la salsa del principio y bajar a fuego medio. Cocinar 10 minutos hasta que espese.

SETAS PICANTES

PARA 4 RACIONES

A veces dejo enteras las setas y me preparo una hamburguesa con ellas, y otras las corto en trozos de manera que pueda comerlas con arroz o meterlas en una empanadilla. El aliño de este plato no es tan picante como los tradicionales, de modo que si te gusta más picante, añade más pimienta de Cayena.

1 kg de setas portobello, cortadas en dados
1 cebolla amarilla grande, troceada

Sal marina y pimienta negra al gusto
4 cucharadas de *crema de especias picantes* (pág. 63), o al gusto

1. Calentar una sartén grande a fuego medio-alto. Poner las setas y la cebolla y cocinar removiendo frecuentemente hasta que las setas hayan soltado su jugo y se hayan cocinado, unos 10 minutos.
2. Aderezar con sal marina y pimienta negra al gusto. Añadir la *crema de especias picantes* y bajar el fuego a medio. Cocinar 10 minutos.

CUENCO DE BURRITOS

PARA 4 RACIONES

Muchas de mis comidas preferidas incluyen arroz y verduras. Siempre los tengo a mano para poder preparar una comida rápida y sana en cualquier momento. Hago muchas variaciones de este cuenco, siempre con algún tipo de seta bien aderezada. Las setas son versátiles, sabrosas y sacian bastante.

4 tazas de arroz integral hervido, o de otro cereal
Parrillada de setas (pág. 202), o *setas picantes* (pág. 204)
1 aguacate, cortado en dados

½ cebolla roja mediana, cortada en dados
2 tomates de pera, troceados
½ taza de cilantro fresco troceado
1 lima, cortada en cuatro

1. Colocar 1 taza de arroz hervido en el fondo de cada uno de los cuatro cuencos.
2. Cubrir cada cuenco con las setas y con un poco de aguacate, cebolla roja, tomate y cilantro troceado.
3. Servir cada cuenco con uno de los cuatro trozos de lima.

BUDDHA BOWL DE JUDÍAS NEGRAS Y QUINOA

PARA 4 RACIONES

Hago alguna clase de *Buddha Bowl** varias veces por semana. Me gustan porque no siempre se trata de hacer una bonita presentación de los alimentos; a veces uno solamente quiere poner la comida en la mesa. Preparo una gran olla de cereal —la quinoa es mi preferida por su sabor a nueces y su tiempo rápido de cocción— una vez por semana, le añado alguna salsa como la de esta receta y utilizo verduras congeladas si tengo prisa (cuando tengo un poco más de tiempo, uso verduras frescas al vapor).

3 tazas de agua
1 ½ taza de quinoa, aclarada
1 cucharadita de sal marina
2 tarros de 400 gr de judías negras cocidas, lavadas y escurridas

Salsa de maíz y tomate con finas hierbas
 (pág. 64)
1 aguacate maduro, cortado en cubitos
½ taza de cilantro fresco troceado

1. Poner agua a hervir en una cacerola mediana. Añadir la quinoa y la sal. Llevar de nuevo a ebullición a fuego fuerte, bajar a fuego medio y cocinar la quinoa tapada 15 minutos hasta que esté tierna.
2. Añadir las judías negras y cocinar hasta que estén calientes.
3. Repartir la mezcla de quinoa y judías negras en cuatro cuencos y cubrirlos con la salsa, el aguacate y el cilantro troceado.

---

* Es un cuenco repleto de ingredientes sanos y apetitosos, tan colmado que parece la barriga de un buda. Se pueden hacer infinidad de combinaciones.

CUENCO DE FALAFEL

PARA 4 RACIONES

Este es uno de mis cuencos favoritos. Por lo general hago una tanda doble de *falafel*, de manera que pueda utilizar la mitad en los *tacos de falafel* (pág. 211) o en la *pizza mediterránea de pita* (pág. 217) también. Esta receta es probablemente mi forma preferida de comer *falafel*, porque significa que tomo una buena ración de verduras para cenar.

4 tazas de arroz integral hervido
1 paquete de verduras variadas congeladas, cocinado según las instrucciones del paquete

1 receta de *falafel* (pág. 88)
1 taza de *salsa verde* (pág. 58)
Cebolleta o cilantro troceados como guarnición

1. Poner 1 taza de arroz integral hervido en el fondo de cada uno de los cuatro cuencos.
2. Cubrir cada cuenco con parte de las verduras cocidas, el *falafel* y la *salsa verde*.
3. Adornar con la cebolleta troceada, el cilantro, o ambos.

TACOS DE FALAFEL

PARA 4 RACIONES

Un día hice *falafel* para unos cuantos amigos y antes de que llegase el primero de ellos me di cuenta de que me había olvidado de comprar pan de pita. Una de las invitadas me dijo que ella sirve a menudo el *falafel* en tortas de maíz, tanto con *salsa verde* como con salsa de tomate, y ya ves, ¡la cena se salvó!

12 o 16 tortas de maíz de 15 cm de diámetro
1 receta de *falafel* (pág. 88)
1 taza de *salsa verde* (pág. 58) o de tu salsa de tomate preferida, o más si se desea

2 tazas de lechuga romana troceada
1 tomate grande, troceado
1 cebolla roja mediana, cortada en dados

1. Precalentar una sartén antiadherente a fuego medio 5 minutos. Poner suficientes tortas de maíz de manera que cubran el fondo de la sartén y calentar 3-4 minutos para ablandarlas.
2. Para servir, cortar cada *falafel* por la mitad y colocar dos o tres mitades en el centro de las tortas de maíz.
3. Cubrir cada torta con algo de *salsa verde*, la lechuga romana, el tomate troceado y la cebolla roja.

TACOS DE SETAS

PARA 4 RACIONES

Como tacos varias veces al mes. Son fáciles, versátiles y muy sabrosos. Me gusta esta versión por lo rápidamente que se prepara. Hago tandas de más de todos los componentes —la *parrillada de setas* (pág. 202), la *ensalada de cacahuetes* (pág. 120) e incluso el *aliño asiático para ensalada* (pág. 51), que se utiliza para preparar la ensalada— y las voy utilizando de muchas maneras a lo largo de la semana.

12 o 16 tortas de maíz de 15 cm de
 diámetro
1 receta de *parrillada de setas* (pág. 202)

1 receta de *ensalada de cacahuetes*
 (pág. 120)
Cilantro fresco troceado como guarnición
Lima fresca en gajos como guarnición

1. Precalentar una sartén antiadherente grande a fuego medio 5 minutos.
2. Poner suficientes tortas de maíz de manera que cubran el fondo de la sartén en una sola capa y calentar 2 minutos. Repetir con las demás tortas.
3. Para servir: colocar una base de *parrillada de setas* en el centro de cada torta y unas cucharadas de la ensalada por encima. Adornar con el cilantro troceado y servir con los gajos de lima.

TOSTADAS

PARA 4 RACIONES

Para mí, las *tostadas* son tacos abiertos. Como ocurre con los tacos, uno puede utilizar el relleno que desee. En esta receta, los frijoles refritos son sustanciosos, la *salsa de maíz y tomate con finas hierbas* (pág. 64) añade un sabor fresco al plato y los aguacates dan un toque de cremosidad extra.

12 tortas de maíz de 15 cm de diámetro
1 tarro de 400 gr de frijoles refritos bajo en grasas*

1 receta de *salsa de maíz y tomate con finas hierbas* (pág. 64)
1 aguacate maduro, cortado en dados pequeños

1. Calentar las tortas de maíz, unas cuantas cada vez, en una sartén antiadherente a fuego medio hasta que empiecen a dorarse, unos 2 o 3 minutos.
2. Colocar las tortas sobre una superficie de trabajo y extender 2 o 3 cucharadas de frijoles refritos sobre cada una de ellas. Cubrir con ¼ de taza de la salsa y el aguacate en daditos.

---

* Guarnición hecha a base de judías cocidas, posteriormente molidas y fritas.

COLIFLOR A LA PARMESANA

PARA 4 RACIONES 🍎 🌾 🌸

Esta original variación de un plato tradicional italiano es una de mis comidas caseras preferidas. Tiene todos los sabores del plato original, pero sin nada de grasa y ni lácteos. Esta receta es un poco más complicada que la mayoría de los platos que vienen en este libro, de modo que guárdalo para los invitados o para cuando quieras darte un capricho. Cuece al vapor el sobrante de la coliflor y utilízalo en el *Buddha Bowl de judías negras y quinoa* (pág. 207), o en ensalada.

2 cabezas de coliflor
½ taza de agua
Sal marina y pimienta negra al gusto
6 dientes de ajo
1 cucharada de albahaca seca

1 cucharada de orégano seco
6-8 cucharadas de *queso parmesano favorito del chef Del* (pág. 62)
350 gr de lingüini de harina integral
1 ½ taza de salsa para pasta

1. Poner el horno en función grill y calentar a 220º.
2. Llevar agua a ebullición en una olla grande.
3. Cortar las cabezas de coliflor por la mitad a lo largo del tallo, luego trocéalas de manera que obtengas láminas de 1 o 1,5 cm de grosor.
4. Poner las láminas de coliflor en una sartén grande y añadir agua. Cocinarlas 5 minutos a fuego medio hasta que casi estén tiernas. Aderezar con sal marina y pimienta negra al gusto y colocar las láminas sobre una bandeja antiadherente para horno, o sobre una forrada de papel para horno.
5. Hervir la pasta según las instrucciones del paquete.
6. Poner el ajo, la albahaca y el orégano en una batidora y hacerlos puré durante 30 segundos. Espolvorear regularmente la mezcla del ajo sobre las porciones de coliflor hervida y rociar por encima el *queso parmesano favorito del chef Del*.
7. Hornear la coliflor de 8 a 10 minutos, hasta que esté ligeramente dorada.
8. Para servir, repartir los lingüini en cuatro platos y cubrirlos con la salsa de tomate. Colocar una ración de coliflor sobre la salsa de tomate en cada plato.

PIZZA MEDITERRÁNEA DE PITA

PARA 4 RACIONES

En nuestra casa, la pizza siempre era un acontecimiento especial. Normalmente, mis padres preparaban la mayoría de nuestras comidas, así que siempre parecía una fiesta cuando pedíamos pizza de nuestra pizzería preferida. Yo sigo comiendo pizza de vez en cuando, pero no preparo las tradicionales, cargadas de queso y de carne. Cuando tengo prisa, prefiero una base preparada; pero las versiones integrales sin grasa son difíciles de encontrar. Así que hago mis propias pizzas de pan de pita. Estas bases funcionan tan bien como las tradicionales, con la ventaja de que cada uno puede hacerla a su gusto.

4 pitas integrales de 15 cm
1 receta de *salsa verde* (pág. 58)
1 receta de *falafel* (pág. 88), cocinado según las instrucciones y luego desmenuzado

1 cebolla roja pequeña, en rodajas finas
1 taza de aceitunas negras en rodajas
1 taza de cilantro fresco troceado

1. Precalentar el horno a 175°.
2. Colocar cada pan de pita sobre una superficie plana y cubrir con ½ taza de *salsa verde*.
3. Rociar el *falafel* desmenuzado sobre la salsa y cubrir con la cebolla roja y las rodajas de aceituna.
4. Hornear la pizza de pita de 10 a 12 minutos. Servir adornada con el cilantro troceado.

VARIACIÓN - PIZZA TAILANDESA DE PITA

Sustituir la *salsa verde* por la *salsa de cacahuetes casi instantánea* (pág. 57). Cubrir con las rodajas de cebolla roja y la *parrillada de setas* (pág. 202) y servir adornada con el cilantro fresco troceado.

PIZZA ALFREDO DE PITA

PARA 4 RACIONES

Esta es otra de mis pizzas de pita preferidas, basada en una pizza *bianca* que antes pedía en una pizzería del barrio. Las aceitunas, los corazones de alcachofa y la albahaca fresca son alimentos mediterráneos clásicos y le dan a la pizza un estallido de sabor, además de la ya sabrosa *salsa Alfredo*.

4 pitas integrales de 15 cm
1 taza de *salsa Alfredo* (pág. 74)
1 cebolla roja pequeña, cortada en dados
1 taza de corazones de alcachofa de lata,
   cortados en cuatro

½ taza de aceitunas de Kalamata, deshue-
   sadas y cortadas por la mitad
1 taza de albahaca fresca troceada

1. Precalentar el horno a 175°.
2. Colocar cada pan de pita sobre una bandeja para horno y cubrir con ¼ de taza de la *salsa Alfredo*.
3. Cubrir con la cebolla roja, los corazones de alcachofa y las aceitunas cortadas.
4. Hornear la pizza de pita durante 10 o 12 minutos. Servir adornada con la albahaca troceada.

POSTRES

Pudin de boniato casi instantáneo 223
Crujientes de frutas gratinado 224
Bolitas de plátano y coco 225
Galletas alemanas de chocolate sin horno 226
Galletas de higo y pera 227
Galletas de avena y pasas 228
Galletas de plátano y mantequilla de cacahuete 231
Polos de piña 232
Polos de judías rojas 234

PUDIN DE BONIATO CASI INSTANTÁNEO

PARA 4 RACIONES

El pastel de boniato es uno de mis postres preferidos, pero el bizcocho, que tanto engorda, y el relleno cargado de azúcar siempre me dejan el estómago pesado. Este pudin me quita el antojo de ese delicioso pastel, permitiéndome saborear esa cremosidad que adoro. Y lo que es mejor: no tengo que encender el horno.

2 latas de 400 gr de boniatos triturados o hechos puré (unas 3 trazas)

1 taza de *puré de dátil en dos minutos* (pág. 68), o ½ taza de sirope de arce

2 cucharadas de mantequilla de almendra (optativo)

2 cucharaditas de extracto de vainilla

½ cucharadita de canela molida

½ cucharadita de pimienta inglesa (o de Jamaica) molida

La cáscara de 1 naranja

¼ de cucharadita de sal

½ taza de leche vegetal sin edulcorar

1. Poner los boniatos, el puré de dátil o el sirope de arce, la mantequilla de almendra, el extracto de vainilla, la canela, la pimienta inglesa, la cáscara de naranja y la sal en un procesador de alimentos o batidora. Hacer todo puré hasta que esté suave, añadiendo la leche vegetal hasta que se consiga la consistencia deseada.

2. Servir inmediatamente, o refrigerar durante 1 hora antes de servir.

HAZLO FÁCIL

La mantequilla de almendra es optativa, pero hace que el pudin sea cremoso de veras, así que haz este postre cuando quieras un capricho especial.

CRUJIENTE DE FRUTAS GRATINADO

PARA 4 RACIONES

Nunca hago crujientes de fruta en verano, ya que el calor del horno calienta toda la cocina. Con esta versión no sucede esto. En esta receta utilizo manzanas, pero con peras maduras o melocotones también está muy rico.

CUBIERTA
1 taza de copos de avena
¾ de taza de *puré de dátil en dos minutos* (pág. 68), o ⅓ de taza de sirope de arce

1 cucharadita de canela molida
1 pellizco de sal marina

RELLENO
3 tazas de manzanas troceadas (me gustan las Granny Smith)
¾ de taza de *puré de dátil en dos minutos* o ½ taza de sirope de arce

1 cucharadita de canela molida
1 pellizco de nuez moscada
1 pellizco de sal marina

1. Para preparar la cubierta, poner la avena en una cacerola mediana y tostarla a fuego medio-bajo durante 5 minutos, hasta que liberen el aroma y empiece a dorarse. Añadir el *puré de dátil en dos minutos*, la canela y la sal marina. Cocinar a fuego medio-bajo 5 minutos, hasta que la avena haya absorbido casi todo el sirope. Reservar.
2. Para preparar el relleno, poner las manzanas, el *puré de dátil en dos minutos*, la canela, la nuez moscada y la sal marina en una cacerola y cocinar a fuego medio hasta que las manzanas se ablanden, unos 6 minutos.
3. Para terminarlo, poner con cuchara la mezcla del relleno en cuencos individuales y rociar la mezcla de avena sobre ella.

BOLITAS DE PLÁTANO Y COCO

PARA 14-16 BOLITAS

Me encanta el sabor del plátano y el coco, y juntos hacen un pastelito diferente, pero delicioso. El coco es un alimento rico en grasas, de modo que estas bolitas son claramente un manjar especial.

½ taza de *puré de dátil en dos minutos*
   (pág. 68), o ½ taza de sirope de arce
1 plátano maduro, ligeramente troceado
¼ de taza de agua

2 tazas de coco rallado sin edulcorar
¼ de taza de harina integral de repostería
1 cucharadita de extracto de vainilla
1 pellizco de sal marina (optativo)

1. Precalentar el horno a 175°.
2. Poner el *puré de dátil en dos minutos* y el plátano en el vaso de un procesador de alimentos o batidora. Hacer todo puré hasta que esté cremoso.
3. Añadir el resto de los ingredientes y procesar hasta que esté todo bien mezclado.
4. Utilizando una cuchara para helados pequeña, o un cucharón, dar forma de bolas a la masa y colocarlas en una bandeja para horno antiadherente o con papel para horno.
5. Hornearlas durante 12 o 13 minutos hasta que estén ligeramente doradas. Dejar enfriar completamente. Se pueden guardar refrigeradas en un recipiente hermético hasta siete días.

GALLETAS ALEMANAS DE CHOCOLATE SIN HORNO

PARA 10-12 GALLETAS

Estas galletas están inspiradas por mi amor por la tarta alemana de chocolate, las galletas alemanas de chocolate, ¡o cualquier cosa alemana de chocolate! Tostar las nueces de pecán y el coco realza su sabor enormemente.

½ taza de nueces de pecán
¾ de taza de coco rallado sin edulcorar
1 taza de dátiles, deshuesados
1 cucharada de cacao sin edulcorar

1. Tostar las nueces de pecán y el coco rallado durante 5 minutos en un horno a 175°.
2. Ponerlos en el vaso de un procesador de alimentos o batidora con el resto de los ingredientes y procesarlo todo hasta que la mezcla forme una bola.
3. Utilizando una cuchara para helado o un cucharón, dar forma de galletas a la masa y colocarlas sobre una bandeja para horno.
4. Refrigerar durante 1 hora hasta que cuaje. Se puede guardar en un recipiente hermético hasta una semana.

GALLETAS DE HIGO Y PERA

PARA APROXIMADAMENTE 12 GALLETAS GRANDES

Estas galletas blandas son unas de mis galletas sin chocolate preferidas. De pequeño adoraba las galletas Fig Newtons (una marca de comercial de galletas con higos). Treinta años después solo he vuelto a comer higos con esta receta.

1 ½ taza de harina integral de repostería
1 taza de higos cortados finamente
1 ½ taza de levadura en polvo
¼ de cucharadita de nuez moscada molida
1 pellizco de sal marina (optativo)

½ taza de sirope de arce, o de *puré de dátil en dos minutos* (pág. 68)
½ taza de compota de manzana sin edulcorar
1 pera madura grande, rallada

1. Precalentar el horno a 175°.
2. Poner en un cuenco la harina, los higos troceados, la levadura en polvo y la nuez moscada y remover para mezclarlo todo.
3. Hacer un hueco en el centro de la mezcla de la harina, añadir el resto de los ingredientes y amasar.
4. Utilizando una cuchara para helados pequeña o un cucharón, ir depositando la masa en una bandeja para horno antiadherente, o forrada con papel de hornear.
5. Hornear las galletas 10 minutos, hasta que empiecen a dorarse y no se hundan al presionar suavemente por encima.
6. Dejar que se enfríen las galletas en la bandeja del horno 5 minutos antes de pasarlas a una rejilla para que se enfríen del todo.

CONSEJOS

Utiliza higos frescos si los puedes encontrar; si no, también sirven los secos.
Se puede usar manzanas en lugar de peras, o cualquier otra fruta desecada de la que dispongas.

GALLETAS DE AVENA Y PASAS

PARA 12 GALLETAS GRANDES O 24 PEQUEÑAS

Siempre me han encantado las galletas, y siempre me encantarán. Las *galletas de avena y pasas* fueron el primer postre que aprendí a hacer, siguiendo las instrucciones de las cajas de Quaker Oats (una marca comercial muy conocida) cuando no tenía aún diez años. Por supuesto, las galletas que preparé entonces estaban llenas de azúcar, harina blanca y margarina. ¡Prueba estas mejor!

2 tazas de avena
1 ½ taza de harina integral para repostería
1 taza de pasas
1 ½ cucharadita de levadura en polvo
1 cucharadita de canela molida

1 pellizco de sal
¾ de sirope de arce, o 1 ¼ taza de *puré de dátil en dos minutos* (pág. 68)
1 taza de puré de manzana sin edulcorar
½ cucharadita de extracto de vainilla

1. Precalentar el horno a 175°.
2. En un cuenco grande, poner la avena, la harina, las pasas, la levadura en polvo, la canela y la sal marina y mezclarlo todo bien.
3. Hacer un hueco en el centro de la mezcla de harina y añadir en él los ingredientes restantes. Amasarlo suavemente.
4. Utilizando una cuchara para helados pequeña, o un cucharón, dar forma de bola a las galletas y colocarlas en una bandeja para horno antiadherente o forrada con papel para horno.
5. Hornear durante 12 minutos hasta que las galletas estén ligeramente doradas.
6. Dejar enfriar 10 minutos antes de trasladar las galletas a una rejilla para que se enfríen completamente.

GALLETAS DE PLÁTANO Y MANTEQUILLA DE CACAHUETE

PARA 10 GALLETAS GRANDES O 20 PEQUEÑAS

Yo antes preparaba unos batidos llamados Chunky Monkey hechos de plátano, mantequilla de cacahuete y cacao. Es una de las combinaciones de sabores que más me gusta, por eso la utilizo en esta receta. Incluso sin cacao, estas galletas dibujan una enorme sonrisa en mi cara.

10 dátiles deshuesados
½ taza de mantequilla de cacahuete
1 plátano maduro (un poco pasado también vale)
1 cucharadita de extracto de vainilla

¼ de taza de compota de manzana sin edulcorar
2 ½ tazas de avena de cocción rápida o de copos de avena
¼ de taza de harina integral de repostería
¼ de cucharadita de levadura en polvo

1. Precalentar el horno a 175°.
2. Poner los diez dátiles en una sartén pequeña con el agua suficiente para cubrirlos y cocerlos 5 minutos a fuego medio. Luego hacer puré con la mezcla en un procesador de alimentos o batidora hasta que esté suave y cremoso.
3. Añadir la mantequilla de cacahuete, el plátano, la vainilla y la compota de manzana al procesador de alimentos y hacer puré con todo hasta que esté suave y cremoso.
4. Pasar la mezcla de mantequilla de cacahuete y plátano a un cuenco y añadir el resto de los ingredientes, removiendo hasta que esté todo mezclado.
5. Utilizando una cuchara para helados pequeña, o un cucharón, depositar bolas de masa sobre una bandeja para hornear antiadherente, o forrada con papel para hornear.
6. Hornear las galletas grandes aproximadamente 15 minutos, y las pequeñas unos 12 minutos. Tienen que estar ligeramente doradas por encima.
7. Dejar que las galletas reposen unos 10 minutos antes de sacarlas de la bandeja para horno, así será más fácil despegarlas. Transportarlas a una rejilla para que se enfríen del todo.

POLOS DE PIÑA

PARA 10-12 POLOS

Estos polos no son rápidos de hacer, pero son muy fáciles, y también sabrosos. Si quieres utilizar piña fresca, tendrás que pelarla y quitarle el centro. Asegúrate de que la fruta que encuentres sea buena y esté madura.

2 latas de 400 gr de piña sin edulcorar, escurrida; reservar el jugo

1. Poner la piña en una batidora y batir hasta que esté suave.
2. Poner a cucharadas la piña en los moldes para polos, a continuación los palitos de madera, y congelar hasta que estén duros, aproximadamente 1 hora.

POLOS DE JUDÍAS ROJAS

PARA 8 POLOS

Recuerdo haber comido polos toda mi vida. Yo era uno de esos niños que van corriendo y chillando por la casa para pedir dinero a su madre cuando oía el camión de los helados. Esta receta es mi versión saludable del polo de chocolate. Piensa en toda la fibra que tomas cada vez que comes uno, y sin un solo lametón a ese azúcar procesado añadido.

1 tarro de 400 gr de judías adzuki cocidas, lavadas y escurridas
1 ¼ taza de leche de coco ligera
1 taza de dátiles deshuesados

3 cucharadas de cacao sin edulcorar
½ cucharadita de extracto de vainilla
1 pellizco de sal marina

1. Poner todos los ingredientes en una batidora y batir hasta que estén suaves y cremosos.
2. Utilizar una espátula o una cuchara de madera para empujar la mezcla hacia el fondo del vaso de la batidora y asegurarse de que toda la mezcla sea homogénea.
3. Verter la mezcla en moldes para polos y colocar un palito de madera en cada molde.
4. Congelar hasta que estén duros antes de servirlos.

VARIACIÓN - POLOS CHUNKY MONKEY

Poner 3 cucharadas de mantequilla de cacahuete a la batidora con todos los demás ingredientes y mezclarlo todo bien.

APÉNDICE

SÍMBOLOS DIETÉTICOS

FRUTA

CEREALES

HOJAS

RAÍCES

LEGUMBRES

FLORES

FRUTOS SECOS

SETAS

VALORES NUTRICIONALES

Esto es un resumen de algunos de los valores nutricionales de las ocho categorías (siete tipos de partes de plantas, más las setas).

FRUTAS	contienen vitamina C y otros fitoquímicos.
CEREALES	ricos en carbohidratos, fibra, minerales y vitaminas B.
HOJAS	ricas en vitaminas antioxidantes, fibra y carbohidratos complejos.
RAÍCES	tienen muchos carbohidratos, algunas están compuestas de carotenoides.
LEGUMBRES	son una buena fuente de proteínas, hierro y fibra.
FLORES	son ricas en antioxidantes y fitoquímicos.
FRUTOS SECOS	contienen de ácidos grasos omega-3, vitamina E y proteínas.
SETAS	ofrecen un buen suministro de selenio y otros antioxidantes.

Para ser consecuente con el mensaje de *El Estudio de China*, y sobre todo con su continuación, *Integral (Whole)* —ambos publicados por Editorial Sirio—, en las recetas no se presenta la composición nutricional. El contenido de nutrientes de un mismo alimento varía mucho en función de cómo se presente. Esto hace que los consumidores acaben prestando más atención a diferencias insignificantes que a las características realmente importantes para la salud que tiene la variedad de alimentos, y que estos sean integrales.

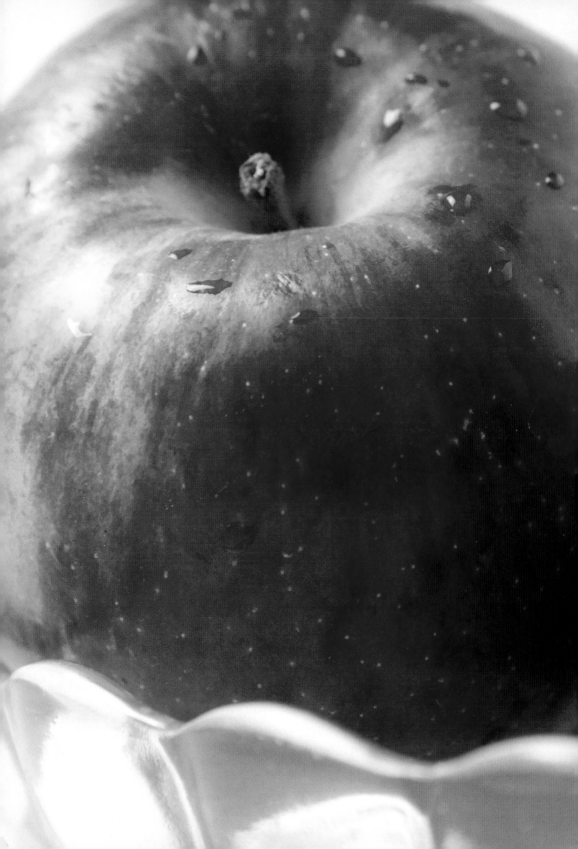

ÍNDICE TEMÁTICO

A

Aceitunas

Ensalada de judías, naranja y aceitunas 115
Ensalada de patata con piñones, aceitunas y
    eneldo 105
Pizza Alfredo de pita 218
Pizza mediterránea de pita 217
Quinoa y judías blancas con limón y aceitunas
    192
Ragú de berenjena, tomate y aceitunas 199

Aceitunas de Kalamata

Ensalada de judías, naranja y aceitunas 115
Ensalada de patata con piñones,
    aceitunas y eneldo 105
Pizza Alfredo de pita 218
Quinoa y judías blancas con limón y aceitunas
    192
Ragú de berenjena, tomate y aceitunas 199

Aguacate

Buddha Bowl de judías negras y quinoa 207
Cuenco de burritos 205
Hamburguesas del suroeste 131
Penne con salsa de maíz y tomate a las finas
    hierbas 142
Tostadas 213

Ajo

Coliflor a la parmesana 214
Crema de azafrán 71
Curry de verduras y frutas 191

Ensalada de frijoles de ojo negro 116
Ensalada marroquí de pasta con judías blancas
    y tomates secos 143
Estofado de judías rojas de la isla 181
Falafel 88
Hamburguesas de setas Portobello 130
Hummus de pesto de albahaca 79
Parrillada de setas 202
Pasta con judías blancas, nueces de pecán y
    estragón 149
Paté de judías a la tailandesa 87
Paté de judías blancas y miso 83
Paté de pimiento rojo asado 80
Paté de zanahorias y almendras 84
Penne con lentejas rojas y acelgas 146
Penne con salsa cremosa de setas y eneldo
    154
Quinoa y judías blancas con limón y aceitunas
    192
Salsa verde 58
Salteado veraniego de penne 145
Sopa asiática de fideos 172
Sopa «bisque» de tomate del suroeste 185
Sopa de judías negras superfácil 178
Sopa de maíz, tomate y albahaca fresca 169
Sopa fácil de zanahoria y jengibre 168
Sopa Pho fácil 173

Ajo en polvo

Aliño asiático para ensalada 51
Bocaditos de coliflor con salsa Búfalo 91

Crema de especias picantes 63
Salsa de dátiles y soja salteados 67

Albahaca
Coliflor a la parmesana 214
Ensalada de frijoles de ojo negro 116
Ensalada de garbanzos con vinagreta de toma-
tes secos 110
Ensalada marroquí de pasta con judías blancas
y tomates secos 143
Hamburguesas de setas Portobello 130
Hummus de pesto de albahaca 79
Pizza Alfredo de pita 218
Quinoa y judías blancas con limón y aceitunas
192
Salsa de maíz y tomate con finas hierbas 64
Salteado veraniego de penne 145
Sopa asiática de fideos 172
Sopa de maíz, tomate y albahaca fresca 169
Sopa Pho fácil 173
Tortitas de pimiento rojo, maíz y calabacín
197

Albaricoques
Muesli 39

Alcachofa
Ensalada de garbanzos con vinagreta de toma-
tes secos 110
Pizza Alfredo de pita 218

Alcaparras
Ensalada presumida de garbanzos 114

Aliño asiático
Ensalada de cacahuetes 120

Aliño de naranja y miso
Ensalada de col rizada con aliño
de naranja y miso 98
Ensalada de lechuga romana, naranja y miso
97
Fideos con naranja y miso 140

Almendras
Ensalada de lechuga romana, naranja y miso
97
Ensalada presumida de garbanzos 114
Muesli 39
Paté de zanahorias y almendras 84
Pudin de arroz a la plancha 47

Alubias
Ensalada de judías y cereales 109
Estofado de judías rojas de la isla 181

Anacardos
Ensalada asiática de garbanzos 113
Ensalada de judías y col rizada con aliño cre-
moso de anacardos y lima 101

Muesli 39
Queso parmesano favorito del chef Del 62

Anís estrellado
Sopa Pho fácil 173

Apio
Ensalada de cebada fermentada con mazanas y
nueces 117
Sopa fácil de zanahoria y jengibre 168
Sopa Mulligatawny 174

Avena
Barritas para desayuno de avena y pasas 43
Crujiente de frutas gratinado 224
Galletas de avena y pasas 228
Galletas de plátano y mantequilla de cacahuete
231
Muesli 39
Muesli de manzana 40

Avena de cocción rápida
Barritas para desayuno de avena y pasas 43
Galletas de plátano y mantequilla de cacahuete
231

Azafrán
Crema de azafrán 71
Estofado mediterráneo de verduras 198

B

Barritas para desayuno de avena y pasas 43
Batido cremoso de fresa 34
Batido de melocotón y mango 37
Batido de pan de plátano 38
Batido de plátano y piña 33
Batidos
cremoso de fresa 34
de melocotón y mango 37
de pan de plátano 38
de plátano y piña 33
Berenjena
Costillas de berenjena confitada 201
Penne con salsa tailandesa de tonate y beren-
jena 152
Ragú de berenjena, tomate y aceitunas 199
Bisque de tomate del suroeste 185
Bocadillos
calientes de ensalada de setas 132
de setas desmenuzadas 126
Po' Boy con salsa Búfalo 125
Bocadillos calientes de ensalada de setas
132
Bocadillos de setas desmenuzadas 126
Bocaditos de coliflor con salsa Búfalo

Po' Boy con salsa Búfalo 125
Bolitas de plátano y coco 225
Bollitos
de pastel de boniato 44
Bollitos de manzana fresca 46
Bollitos de pastel de boniato 44
Boniatos
Bollitos de pastel de boniato 44
Curry de verduras y frutas 191
Pudin de boniato casi instantáneo 223
Sopa de pimiento rojo y boniato 182
Brotes de judía mungo
Salteado de brécol, pimiento rojo y arroz integral 189
Sopa Pho fácil 173
Buddha Bowl de judías negras y quinoa 207
Bulgur
Hamburguesas del suroeste 131
Burritos de setas a la parrilla 129

C

Cacahuetes
Ensalada de cacahuetes 120
Fideos fríos con cacahuetes 136
Cacao
Galletas alemanas de chocolate sin horno 226
Polos de judías rojas 234
Calabacín
Curry de verduras y frutas 191
Quinoa asada con crema de azafrán 165
Salteado veraniego de penne 145
Tortitas de pimiento rojo, maíz y calabacín 197
Caldo de verduras
Crema de azafrán 71
Curry de verduras y frutas 191
Cuscús con menta, piñones y garbanzos 188
Estofado de judías rojas de la isla 181
Estofado mediterráneo de verduras 198
Pasta con verduras y paté de judías blancas y miso 150
Penne con lentejas rojas y acelgas 146
Quinoa y judías blancas con limón y aceitunas 192
Salsa de dátiles y soja salteados 67
Sopa asiática de fideos 172
Sopa «bisque» de tomate del suroeste 185
Sopa «chowder» cremosa de maíz y pimientos poblanos 177
Sopa de judías negras superfácil 178

Sopa de maíz, tomate y albahaca fresca 169
Sopa de patatas y espinacas 171
Sopa de pimiento rojo y boniato 182
Sopa fácil de zanahoria y jengibre 168
Sopa húngara de setas 176
Sopa Mulligatawny 174
Sopa Pho fácil 173
Canela
Barritas para desayuno de avena y pasas 43
Batido de pan de plátano 38
Bollitos de manzana fresca 46
Bollitos de pastel de boniato 44
Crujiente de frutas gratinado 224
Estofado mediterráneo de verduras 198
Galletas de avena y pasas 228
Muesli de manzana 40
Pudin de arroz a la plancha 47
Pudin de boniato casi instantáneo 223
Sopa Pho fácil 173
Cebolla
Bocadillos calientes de ensalada de setas 132
Curry de verduras y frutas 191
Patatas al horno sin queso 161
Sopa húngara de setas 176
Cebolla amarilla
Bocadillos de setas desmenuzadas 126
Ensalada de patatas tardías de verano con judías verdes 106
Estofado mediterráneo de verduras 198
Falafel 88
Guiso de patatas con crema de azafrán 162
Judías al estilo picante 194
Parrillada de setas 202
Pasta con judías blancas, nueces de pecán y estragón 149
Pastelitos de pimiento, maíz y quinoa 193
Penne con salsa cremosa de setas y eneldo 154
Penne con salsa tailandesa de tonate y berenjena 152
Quinoa y judías blancas con limón y aceitunas 192
Ragú de berenjena, tomate y aceitunas 199
Salteado de brécol, pimiento rojo y arroz integral 189
Salteado veraniego de penne 145
Setas picantes 204
Sopa «chowder» cremosa de maíz y pimientos poblanos 177
Sopa de maíz, tomate y albahaca fresca 169
Sopa fácil de zanahoria y jengibre 168

Sopa Mulligatawny 174
Sopa Pho fácil 173

Cebolla en polvo
Crema de azafrán 71
Crema de especias picantes 63
Hamburguesas del suroeste 131
Paté de judías blancas y miso 83

Cebolla roja
Cuenco de burritos 205
Ensalada caliente de col rizada con aliño de
    cacahuetes 102
Ensalada de col rizada con aliño de naranja y
    miso 98
Ensalada de garbanzos con vinagreta de toma-
    tes secos 110
Ensalada de judías, naranja y aceitunas 115
Ensalada de lechuga romana, naranja y miso
    97
Hamburguesas del suroeste 131
Hamburguesas de setas Portobello 130
Paté de zanahorias y almendras 84
Pizza Alfredo de pita 218
Pizza mediterránea de pita 217
Po' Boy con salsa Búfalo 125
Tacos de falafel 211

Cebolleta
Cuenco de falafel 208
Ensalada asiática de garbanzos 113
Ensalada de espinaca fresca 94
Ensalada de frijoles de ojo negro 116
Ensalada de judías y cereales 109
Ensalada de pasta y sésamo verde 118
Ensalada de patata con piñones, aceitunas y
    eneldo 105
Fideos con naranja y miso 140
Fideos fríos con cacahuetes 136
Pasta con verduras y paté de judías blancas y
    miso 150
Paté de judías a la tailandesa 87
Sopa asiática de fideos 172
Sopa de judías negras superfácil 178
Sopa de patatas y espinacas 171
Sopa fácil de zanahoria y jengibre 168
Tortitas de pimiento rojo, maíz y calabacín
    197

Chalote
VinagReta para todo 50

Cilantro
Buddha Bowl de judías negras y quinoa 207
Cuenco de burritos 205
Cuenco de falafel 208

Cuscús con menta, piñones y garbanzos 188
Ensalada asiática de garbanzos 113
Ensalada marroquí de pasta con judías blancas
    y tomates secos 143
Estofado de judías rojas de la isla 181
Estofado mediterráneo de verduras 198
Falafel 88
Fideos con almendras 139
Fideos con naranja y miso 140
Paté de judías a la tailandesa 87
Penne con salsa tailandesa de tomate y beren-
    jena 152
Pizza mediterránea de pita 217
Salsa barbacoa fácil de dátiles 65
Salsa de maíz y tomate con finas hierbas 64
Salsa verde 58
Sopa «chowder» cremosa de maíz y pimientos
    poblanos 177
Sopa de judías negras superfácil 178
Sopa de patatas y espinacas 171
Tacos de setas 212
Vinagreta de naranja y finas hierbas 53

Coco
Bolitas de plátano y coco 225
Galletas alemanas de chocolate sin horno 226

Col china
Sopa asiática de fideos 172

Coliflor
Bocaditos de coliflor con salsa Búfalo 91
Coliflor a la parmesana 214
Crema de azafrán 71
Penne con salsa cremosa de setas y eneldo
    154
Puré de coliflor 70
Salsa sin queso 73
Sopa «bisque» de tomate del suroeste 185
Sopa «chowder» cremosa de maíz y pimientos
    poblanos 177

Coliflor a la parmesana 214

Col rizada
Ensalada caliente de col rizada con aliño de
    cacahuetes 102
Ensalada de col rizada con aliño de naranja y
    miso 98
Ensalada de judías y col rizada con aliño cre-
    moso de anacardos y lima 101

Copos de avena
Crujiente de frutas gratinado 224
Galletas de plátano y mantequilla de cacahuete
    231
Muesli 39

Muesli de manzana 40

Copos de pimiento rojo
Ensalada caliente de col rizada
con aliño de cacahuetes 102
Ensalada de judías, naranja y aceitunas 115
Pasta con verduras y paté de judías blancas y
miso 150
Vinagreta de naranja y finas hierbas 53

Costillas de berenjena confitada 201

Crema de azafrán
Guiso de patatas con crema de azafrán 162
Pasta con crema de azafrán 153
Quinoa asada con crema de azafrán 165
Tortas de polenta con crema de azafrán y
espinacas 196

Crema de especias picantes
Crema de especias picantes 63
Judías al estilo picante 194

Cremas para huntar
judías blancas y miso 83
zanahorias y almendras 84

Crujiente de frutas gratinado 224

Cuenco de burritos 205

Cuenco de falafel 208

Curry de verduras y frutas 191

Curry en polvo
Curry de verduras y frutas 191
Sopa Mulligatawny 174

Cuscús con menta, piñones y garbanzos 188

D

Dátiles
Batido cremoso de fresa 34
Batido de melocotón y mango 37
Batido de pan de plátano 38
Batido de plátano y piña 33
Crema de especias picantes 63
Galletas alemanas de chocolate sin horno 226
Galletas de plátano y mantequilla de cacahuete
231
Muesli 39
Polos de judías rojas 234
Puré de dátil en dos minutos 68
Salsa de dátiles y soja salteados 67
Sopa «bisque» de tomate del suroeste 185

E

Edamame
Sopa Pho fácil 173

Eneldo
Bocadillos calientes de ensalada de setas 132
Ensalada de patata con piñones, aceitunas y
eneldo 105
Ensalada de pimiento rojo 119
Ensalada presumida de garbanzos 114
Mayonesa de pimientos rojos 60
Paté de pimiento rojo asado 80
Paté de zanahorias y almendras 84
Penne con salsa cremosa de setas y eneldo
154
Sopa húngara de setas 176

Ensalada de cacahuetes
Bocadillos de setas desmenuzadas 126
Po' Boy con salsa Búfalo 125
Tacos de setas 212

Ensaladas
Ensalada asiática de garbanzos 113
Ensalada caliente de col rizada con aliño de
cacahuetes 102
Ensalada de cebada fermentada con mazanas y
nueces 117
Ensalada de espinaca fresca 94
Ensalada de frijoles de ojo negro 116
Ensalada de garbanzos con vinagreta de toma-
tes secos 110
Ensalada de judías, naranja y aceitunas 115
Ensalada de judías y cereales 109
Ensalada de judías y col rizada con aliño cre-
moso de anacardos y lima 101
Ensalada de lechuga romana, naranja y miso
97
Ensalada de manzana, higo y rúcula 95
Ensalada de pasta y sésamo verde 118
Ensalada de patata con piñones, aceitunas y
eneldo 105
Ensalada de patatas tardías de verano con
judías verdes 106
Ensalada de pimiento rojo 119
Ensalada marroquí de pasta con judías blancas
y tomates secos 143
Ensalada presumida de garbanzos 114

Entrantes
Buddha Bowl de judías negras y quinoa 207
Coliflor a la parmesana 214
Costillas de berenjena confitada 201
Cuenco de burritos 205
Cuenco de falafel 208
Curry de verduras y frutas 191
Cuscús con menta, piñones y garbanzos 188
Estofado mediterráneo de verduras 198

Judías al estilo picante 194
Parrillada de setas 202
Pastelitos de pimiento, maíz y quinoa 193
Pizza Alfredo de pita 218
Pizza mediterránea de pita 217
Quinoa y judías blancas con limón y aceitunas 192
Ragú de berenjena, tomate y aceitunas 199
Salteado de brécol, pimiento rojo y arroz integral 189
Setas picantes 204
Tacos de falafel 211
Tacos de setas 212
Tortas de polenta con crema de azafrán y espinacas 196
Tortitas de pimiento rojo, maíz y calabacín 197
Tostadas 213

Espinacas
Ensalada de espinaca fresca 94
Ensalada de judías, naranja y aceitunas 115
Sopa de patatas y espinacas 171
Tortas de polenta con crema de azafrán y espinacas 196

Estofado de judías rojas de la isla 181
Estofado mediterráneo de verduras 198

Estragón
Ensalada de cebada fermentada con mazanas y nueces 117
Ensalada de patatas tardías de verano con judías verdes 106
Pasta con judías blancas, nueces de pecán y estragón 149

F

Falafel
Cuenco de falafel 208
Pizza mediterránea de pita 217
Tacos de falafel 211

Fideos con almendras 139
Fideos con naranja y miso 140
Fideos de arroz integral
Sopa Pho fácil 173

Fideos fríos con cacahuetes 136

Frijoles de ojo negro
Ensalada de frijoles de ojo negro 116
Judías al estilo picante 194

Frijoles refritos
Burritos de setas a la parrilla 129
Hamburguesas del suroeste 131

Tostadas 213

Fruta seca
Muesli 39
Muesli de manzana 40
Pudin de arroz a la plancha 47

Fusilli
Ensalada de pasta y sésamo verde 118

G

Galletas
alemanas de chocolate sin horno 226
de avena y pasas 228
de higo y pera 227
de plátano y manteca de cacahuete 231

Garbanzos
Cuscús con menta, piñones y garbanzos 188
Ensalada asiática de garbanzos 113
Ensalada de garbanzos con vinagreta de tomates secos 110
Ensalada de judías y col rizada con aliño cremoso de anacardos y lima 101
Ensalada presumida de garbanzos 114
Estofado mediterráneo de verduras 198
Falafel 88
Hummus de pesto de albahaca 79
Paté de judías a la tailandesa 87
Quinoa asada con crema de azafrán 165

Guisantes
Pasta con crema de azafrán 153
Quinoa asada con crema de azafrán 165

Guiso de patatas con crema de azafrán 162

H

Hamburguesas del suroeste 131
Hamburguesas de setas Portobello 130
Harina de maíz
Hamburguesas del suroeste 131
Polenta fácil y cremosa 42

Harina para hojaldre (pastelera)
Barritas para desayuno de avena y pasas 43
Bocaditos de coliflor con salsa Búfalo 91
Bolitas de plátano y coco 225
Bollitos de manzana fresca 46
Bollitos de pastel de boniato 44
Galletas de avena y pasas 228
Galletas de higo y pera 227
Galletas de plátano y mantequilla de cacahuete 231
Tortitas de pimiento rojo, maíz y calabacín 197

Higos
Ensalada de manzana, higo y rúcula 95
Galletas de higo y pera 227
Muesli 39
Hummus de pesto de albahaca
Ragú de berenjena, tomate y aceitunas 199

J

Jengibre
Aliño asiático para ensalada 51
Aliño de naranja y miso para ensalada 54
Ensalada asiática de garbanzos 113
Penne con salsa tailandesa de tomate y beren-
jena 152
Salsa de cacahuetes casi instantánea 57
Salsa de dátiles y soja salteados 67
Sopa asiática de fideos 172
Sopa fácil de zanahoria y jengibre 168
Sopa Pho fácil 173
Judías adzuki
Polos de judías rojas 234
Judías al estilo picante 194
Judías blancas
Ensalada de judías y cereales 109
Paté de judías blancas y miso 83
Paté de pimiento rojo asado 80
Paté de zanahorias y almendras 84
Quinoa y judías blancas con limón y aceitunas
192
Judías blancas de riñón
Ensalada de judías y cereales 109
Judías cannellini
Ensalada de col rizada con aliño de naranja y
miso 98
Ensalada de judías, naranja y aceitunas 115
Ensalada marroquí de pasta con judías blancas
y tomates secos 143
Pasta con judías blancas, nueces de pecán y
estragón 149
Paté de pimiento rojo asado 80
Paté de zanahorias y almendras 84
Judías negras
Buddha Bowl de judías negras y quinoa 207
Ensalada de judías y cereales 109
Sopa de judías negras superfácil 178

L

Leche de coco
Penne con salsa tailandesa de tomate y beren-
jena 152
Polos de judías rojas 234
Leche sin lácteos
Barritas para desayuno de avena y pasas 43
Batido cremoso de fresa 34
Batido de melocotón y mango 37
Batido de pan de plátano 38
Batido de plátano y piña 33
Bollitos de manzana fresca 46
Bollitos de pastel de boniato 44
Pudin de arroz a la plancha 47
Pudin de boniato casi instantáneo 223
Lentejas rojas
Penne con lentejas rojas y acelgas 146
Sopa Mulligatawny 174
Levadura nutricional
Bocaditos de coliflor con salsa Búfalo 91
Macarrones con queso sin queso 158
Queso parmesano favorito del chef Del 62
Lima
Cuenco de burritos 205
Tacos de setas 212
Limón
Cuscús con menta, piñones y garbanzos 188
Quinoa y judías blancas con limón y aceitunas
192

M

Macarrones con queso sin queso 158
Maíz
Pastelitos de pimiento, maíz y quinoa 193
Salsa de maíz y tomate con finas hierbas 64
Sopa «chowder» cremosa de maíz y pimientos
poblanos 177
Sopa de maíz, tomate y albahaca fresca 169
Tortitas de pimiento rojo, maíz y calabacín
197
Mango
Batido de melocotón y mango 37
Mantequilla de almendras
Bocaditos de coliflor con salsa Búfalo 91
Fideos con almendras 139
Paté de judías a la tailandesa 87
Paté de judías blancas y miso 83
Paté de pimiento rojo asado 80
Pudin de boniato casi instantáneo 223

Mantequilla de cacahuetes
Barritas para desayuno de avena y pasas 43
Galletas de plátano y mantequilla de cacahuete 231
Salsa de cacahuetes casi instantánea 57

Manzana
Bollitos de manzana fresca 46
Crujiente de frutas gratinado 224
Curry de verduras y frutas 191
Ensalada de cebada fermentada con mazanas y nueces 117
Ensalada de manzana, higo y rúcula 95

Manzana, compota
Barritas para desayuno de avena y pasas 43
Bollitos de manzana fresca 46
Galletas de avena y pasas 228
Galletas de higo y pera 227
Galletas de plátano y mantequilla de cacahuete 231

Manzanas de la abuela Smith
Crujiente de frutas gratinado 224
Curry de verduras y frutas 191

Manzanas secas
Muesli 39
Muesli de manzana 40

Mayonesa
Ensalada asiática de garbanzos 113
Ensalada de patata con piñones, aceitunas y eneldo 105
Ensalada presumida de garbanzos 114
Hamburguesas de setas Portobello 130

Mayonesa básica 59

Mayonesa de pimiento rojo
Ensalada de pimiento rojo 119
Hamburguesas de setas Portobello 130

Menta
Cuscús con menta, piñones y garbanzos 188
Ensalada marroquí de pasta con judías blancas y tomates secos 143
Vinagreta de naranja y finas hierbas 53

Mezcla para ensaladas
Ensalada de cacahuetes 120
Ensalada de pimiento rojo 119

Mostaza de Dijon
Costillas de berenjena confitada 201
Vinagreta de naranja y finas hierbas 53
VinagReta para todo 50

Muesli 39

Muesli de manzana 40

N

Naranjas
Bollitos de pastel de boniato 44
Ensalada de col rizada con aliño de naranja y miso 98
Ensalada de judías, naranja y aceitunas 115
Ensalada de lechuga romana, naranja y miso 97
Sopa de pimiento rojo y boniato 182

Nueces
Ensalada de cebada fermentada con mazanas y nueces 117
Muesli 39

Nueces de pecán
Ensalada de manzana, higo y rúcula 95
Galletas alemanas de chocolate sin horno 226
Muesli 39
Pasta con judías blancas, nueces de pecán y estragón 149

P

Parrillada de setas
Burritos de setas a la parrilla 129
Cuenco de burritos 205
Tacos de setas 212

Pasas
Barritas para desayuno de avena y pasas 43
Curry de verduras y frutas 191
Galletas de avena y pasas 228
Muesli 39
Pudin de arroz a la plancha 47

Pasas sultanas
Curry de verduras y frutas 191
Pudin de arroz a la plancha 47

Pasta
Coliflor a la parmesana 214
Ensalada marroquí de pasta con judías blancas y tomates secos 143
Fideos con almendras 139
Fideos con naranja y miso 140
Fideos fríos con cacahuetes 136
Macarrones con queso sin queso 158
Pasta Alfredo 157
Pasta con crema de azafrán 153
Pasta con judías blancas, nueces de pecán y estragón 149
Pasta con verduras y paté de judías blancas y miso 150
Penne con lentejas rojas y acelgas 146

Penne con salsa cremosa de setas y eneldo 154

Penne con salsa de maíz y tomate a las finas hierbas 142

Penne con salsa tailandesa de tomate y berenjena 152

Salteado veraniego de penne 145

Pasta Alfredo 157

Pasta con crema de azafrán 153

Pasta con judías blancas, nueces de pecán y estragón 149

Pasta con verduras y paté de judías blancas y miso 150

Pasta de miso

Aliño de naranja y miso para ensalada 54

Ensalada de judías y col rizada con aliño cremoso de anacardos y lima 101

Paté de judías blancas y miso 83

Paté de pimiento rojo asado 80

Paté de zanahorias y almendras 84

Pasta tailandesa de curry rojo

Fideos con almendras 139

Penne con salsa tailandesa de tomate y berenjena 152

Pastelitos de pimiento, maíz y quinoa 193

Patatas

Ensalada de patata con piñones, aceitunas y eneldo 105

Ensalada de patatas tardías de verano con judías verdes 106

Guiso de patatas con crema de azafrán 162

Patatas al horno sin queso 161

Sopa de patatas y espinacas 171

Patatas al horno sin queso 161

Paté de judías a la tailandesa 87

Paté de judías blancas y miso 83

Paté de pimiento rojo asado 80

Paté de zanahorias y almendras 84

Penne con lentejas rojas y acelgas 146

Penne con salsa cremosa de setas y eneldo 154

Penne con salsa de maíz y tomate a las finas hierbas 142

Penne con salsa tailandesa de tomate y berenjena 152

Pepinillos al eneldo

Ensalada presumida de garbanzos 114

Po' Boy con salsa Búfalo 125

Peras

Galletas de higo y pera 227

Sopa Mulligatawny 174

Pimienta cayena

Aliño de naranja y miso para ensalada 54

Costillas de berenjena confitada 201

Crema de especias picantes 63

Ensalada de judías y col rizada con aliño cremoso de anacardos y lima 101

Paté de judías blancas y miso 83

Salsa barbacoa fácil de dátiles 65

Salsa de cacahuetes casi instantánea 57

Salsa verde 58

Pimientos chipotle

Parrillada de setas 202

Salsa sin queso 73

Sopa «bisque» de tomate del suroeste 185

Pimientos jalapeños

Paté de judías a la tailandesa 87

Salsa de maíz y tomate con finas hierbas 64

Pimientos morrones

Curry de verduras y frutas 191

Ensalada caliente de col rizada con aliño de cacahuetes 102

Ensalada con mayonesa de pimientos rojos 119

Ensalada de espinaca fresca 94

Ensalada de judías y cereales 109

Ensalada de pasta y sésamo verde 118

Ensalada de patatas tardías de verano con judías verdes 106

Estofado mediterráneo de verduras 198

Judías al estilo picante 194

Mayonesa de pimientos rojos 60

Paté de pimiento rojo asado 80

Salsa sin queso 73

Salteado de brécol, pimiento rojo y arroz integral 189

Salteado veraniego de penne 145

Sopa asiática de fideos 172

Sopa de pimiento rojo y boniato 182

Tortitas de pimiento rojo, maíz y calabacín 197

Pimientos poblanos

Estofado de judías rojas de la isla 181

Pastelitos de pimiento, maíz y quinoa 193

Patatas al horno sin queso 161

Sopa «chowder» cremosa de maíz y pimientos poblanos 177

Pimientos rojos

Ensalada caliente de col rizada con aliño de cacahuetes 102

Ensalada de espinaca fresca 94

Ensalada de judías y cereales 109

Ensalada de pasta y sésamo verde 118
Ensalada de patatas tardías de verano con
    judías verdes 106
Estofado mediterráneo de verduras 198
Judías al estilo picante 194
Mayonesa de pimientos rojos 60
Paté de pimiento rojo asado 80
Salsa sin queso 73
Salteado de brécol, pimiento rojo y arroz
    integral 189
Salteado veraniego de penne 145
Sopa asiática de fideos 172
Sopa de pimiento rojo y boniato 182
Tortitas de pimiento rojo, maíz y calabacín
    197

Pimientos rojos a la tailandesa
Paté de judías a la tailandesa 87

Pimientos serranos
Sopa Pho fácil 173

Pimientos verdes
Curry de verduras y frutas 191

Piña
Batido de plátano y piña 33
Polos de piña 232

Piñones
Bocadillos calientes de ensalada de setas 132
Crema de azafrán 71
Cuscús con menta, piñones y garbanzos 188
Ensalada de garbanzos con vinagreta de toma-
    tes secos 110
Ensalada de patata con piñones, aceitunas y
    eneldo 105
Hummus de pesto de albahaca 79
Penne con salsa cremosa de setas y eneldo 154

Pita
Pizza Alfredo de pita 218
Pizza mediterránea de pita 217

Pizza Alfredo de pita 218
Pizza mediterránea de pita 217

Plátano
Batido de pan de plátano 38
Batido de plátano y piña 33
Bolitas de plátano y coco 225
Galletas de plátano y mantequilla de cacahuete
    231

Platos horneados
Guiso de patatas con crema de azafrán 162
Patatas al horno sin queso 161
Quinoa asada con crema de azafrán 165

Platos para desayuno
Barritas para desayuno de avena y pasas 43

Batido cremoso de fresa 34
Batido de melocotón y mango 37
Batido de pan de plátano 38
Batido de plátano y piña 33
Bollitos de manzana fresca 46
Bollitos de pastel de boniato 44
Muesli 39
Muesli de manzana 40
Polenta fácil y cremosa 42
Pudin de arroz a la plancha 47

Po' Boy con salsa Búfalo 125

Polenta
Polenta fácil y cremosa 42
Tortas de polenta con crema de azafrán y
    espinacas 196

Polos
Polos de judías rojas 234
Polos de piña 232

Postres
Bolitas de plátano y coco 225
Crujiente de frutas gratinado 224
Galletas alemanas de chocolate sin horno 226
Galletas de avena y pasas 228
Galletas de higo y pera 227
Galletas de plátano y mantequilla de cacahuete
    231
Polos de judías rojas 234
Polos de piña 232
Pudin de boniato casi instantáneo 223

Pudin de arroz a la plancha 47

Puerros
Sopa de pimiento rojo y boniato 182

Puré de coliflor
Bocadillos calientes de ensalada de setas 132
Mayonesa básica 59
Mayonesa de pimientos rojos 60
Salsa Alfredo 74
Sopa húngara de setas 176

Puré de dátil en dos minutos
Batido de plátano y piña 33
Bolitas de plátano y coco 225
Bollitos de manzana fresca 46
Bollitos de pastel de boniato 44
Costillas de berenjena confitada 201
Crujiente de frutas gratinado 224
Galletas de avena y pasas 228
Galletas de higo y pera 227
Muesli de manzana 40
Pudin de arroz a la plancha 47
Pudin de boniato casi instantáneo 223
Salsa barbacoa fácil de dátiles 65

Vinagreta de naranja y finas hierbas 53

Puré de tomate
Salsa barbacoa fácil de dátiles 65

Q

Queso parmesano favorito del chef Del
Coliflor a la parmesana 214
Salsa Alfredo 74

Quinoa
Buddha Bowl de judías negras y quinoa 207
Burritos de setas a la parrilla 129
Pastelitos de pimiento, maíz y quinoa 193
Quinoa asada con crema de azafrán 165
Quinoa y judías blancas con limón y aceitunas 192

Quinoa asada con crema de azafrán 165
Quinoa y judías blancas con limón y aceitunas 192

R

Ragú de berenjena, tomate y aceitunas 199
Rúcula
Ensalada de garbanzos con vinagreta de tomates secos 110
Ensalada de manzana, higo y rúcula 95
Ensalada de pasta y sésamo verde 118

S

Salsa Alfredo
Pasta Alfredo 157
Pizza Alfredo de pita 218

Salsa barbacoa fácil de dátiles
Bocadillos de setas desmenuzadas 126

Salsa de cacahuetes casi instantánea
Fideos fríos con cacahuetes 136

Salsa de dátiles y soja salteados
Salteado de brécol, pimiento rojo y arroz integral 189

Salsa de enchiladas
Burritos de setas a la parrilla 129

Salsa de maíz y tomate con finas hierbas
Buddha Bowl de judías negras y quinoa 207
Penne con salsa de maíz y tomate a las finas hierbas 142
Tostadas 213

Salsa de pepinillos al eneldo
Ensalada presumida de garbanzos 114

Salsa de soja
Aliño asiático para ensalada 51
Costillas de berenjena confitada 201
Ensalada asiática de garbanzos 113
Fideos con almendras 136
Hamburguesas del suroeste 131
Hamburguesas de setas Portobello 130
Paté de judías a la tailandesa 87
Salsa de cacahuetes casi instantánea 57
Salsa de dátiles y soja salteados 67
Sopa asiática de fideos 172
Sopa Pho fácil 173

Salsa de tomate
Estofado de judías rojas de la isla 181
Estofado mediterráneo de verduras 198
Judías al estilo picante 194

Salsa picante
Bocaditos de coliflor con salsa Búfalo 91

Salsas
Hamburguesas del suroeste 131
Pastelitos de pimiento, maíz y quinoa 193
Salsa Alfredo 74
Salsa barbacoa fácil de dátiles 65
Salsa de cacahuetes casi instantánea 57
Salsa de dátiles y soja salteados 67
Salsa de maíz y tomate con finas hierbas 64
Salsa sin queso 73
Salsa verde 58
Tacos de falafel 211

Salsa sin queso
Burritos de setas a la parrilla 129
Macarrones con queso sin queso 158
Pastelitos de pimiento, maíz y quinoa 193
Patatas al horno sin queso 161

Salsa verde
Cuenco de falafel 208
Ensalada de cacahuetes 120
Ensalada de pasta y sésamo verde 118
Pizza mediterránea de pita 217
Tacos de falafel 211

Salteado de brécol, pimiento rojo y arroz integral 189
Salteado veraniego de penne 145
Semillas de girasol
Ensalada de espinaca fresca 94
Muesli 39

Semillas de hinojo
Queso parmesano favorito del chef Del 62

Semillas de sésamo
Muesli 39
Queso parmesano favorito del chef Del 62

Setas
Bocadillos calientes de ensalada de setas 132
Bocadillos de setas desmenuzadas 126
Cuenco de burritos 205
Hamburguesas de setas Portobello 130
Parrillada de setas 202
Penne con salsa cremosa de setas y eneldo
   154
Setas picantes 204
Sopa asiática de fideos 172
Sopa húngara de setas 176

Setas crimini
Bocadillos calientes de ensalada de setas 132
Penne con salsa cremosa de setas y eneldo
   154
Sopa húngara de setas 176

Setas picantes
Cuenco de burritos 205

Sirope de arce
Barritas para desayuno de avena y pasas 43
Batido de pan de plátano 38
Bolitas de plátano y coco 225
Galletas de avena y pasas 228
Galletas de higo y pera 227

Sirope de arroz integral
Aliño asiático para ensalada 51
Salsa de cacahuetes casi instantánea 57
Sopa asiática de fideos 172
Vinagreta de naranja y finas hierbas 53

Sopa asiática de fideos 172
Sopa «bisque» de tomate del suroeste 185
Sopa «chowder» cremosa de maíz y pimientos poblanos 177
Sopa de judías negras superfácil 178
Sopa de maíz, tomate y albahaca fresca
   169
Sopa de patatas y espinacas 171
Sopa de pimiento rojo y boniato 182
Sopa fácil de zanahoria y jengibre 168
Sopa húngara de setas 176
Sopa Mulligatawny 174
Sopa Pho fácil 173

T

Tacos de falafel 208
Tacos de setas 212
Tahini
Salsa verde 58
Tamari
Aliño asiático para ensalada 51

Costillas de berenjena confitada 201
Ensalada asiática de garbanzos 113
Fideos con almendras 139
Hamburguesas del suroeste 131
Hamburguesas de setas Portobello 130
Paté de judías a la tailandesa 87
Salsa de cacahuetes casi instantánea 57
Salsa de dátiles y soja salteados 67
Sopa asiática de fideos 172
Sopa Pho fácil 173

Tofu
Bocadillos calientes de ensalada de setas 132
Mayonesa básica 59
Mayonesa de pimientos rojos 60
Salsa Alfredo 74
Salsa verde 58
Sopa «bisque» de tomate del suroeste 185

Tofu silken
Bocadillos calientes de ensalada de setas 132
Mayonesa básica 59
Mayonesa de pimientos rojos 60
Salsa Alfredo 74
Salsa verde 58
Sopa «bisque» de tomate del suroeste 185

Tomates
Cuenco de burritos 205
Ensalada de frijoles de ojo negro 116
Hamburguesas de setas Portobello 130
Pasta con judías blancas, nueces de pecán y
   estragón 149
Penne con salsa tailandesa de tomate y berenjena 152
Ragú de berenjena, tomate y aceitunas 199
Salsa de maíz y tomate con finas hierbas 64
Salteado veraniego de penne 145
Sopa «bisque» de tomate del suroeste 185
Sopa de judías negras superfácil 178
Sopa de maíz, tomate y albahaca fresca 169
Tacos de falafel 211

Tomates secos
Ensalada de garbanzos con vinagreta de tomates secos 110
Ensalada marroquí de pasta con judías blancas
   y tomates secos 143

Tortitas
Burritos de setas a la parrilla 129
Tacos de falafel 211
Tacos de setas 212
Tostadas 213

Tortitas de pimiento rojo, maíz y calabacín 197
Tostadas 213

V

Vainilla
Barritas para desayuno de avena y pasas 43
Batido cremoso de fresa 34
Batido de pan de plátano 38
Bolitas de plátano y coco 225
Galletas de avena y pasas 228
Galletas de plátano y mantequilla de cacahuete 231
Polos de judías rojas 234
Pudin de arroz a la plancha 47
Pudin de boniato casi instantáneo 223

Vinagre balsámico
Ensalada marroquí de pasta con judías blancas y tomates secos 143
Hamburguesas de setas Portobello 130
Salsa de maíz y tomate con finas hierbas 64
VinagReta para todo 50

Vinagre de arroz
Aliño asiático para ensalada 51
Salsa de cacahuetes casi instantánea 57

Vinagre de sidra
Bollitos de pastel de boniato 44
Salsa barbacoa fácil de dátiles 65

Vinagre de vino blanco
Vinagreta de naranja y finas hierbas 53

Vinagre de vino de arroz
Aliño de naranja y miso para ensalada 54
Fideos con almendras 139

Vinagre de vino tinto
Ensalada de garbanzos con vinagreta de tomates secos 110
Mayonesa básica 59
Penne con salsa cremosa de setas y eneldo 154
Salsa barbacoa fácil de dátiles 65
Sopa húngara de setas 176

Vinagreta
de naranja y finas hierbas 53
para todo 50

Vinagreta de naranja y fijas hierbas
Ensalada de judías, naranja y aceitunas 115

Vinagreta para todo
Ensalada de cebada fermentada con mazanas y nueces 117
Ensalada de espinaca fresca 94
Ensalada de frijoles de ojo negro 116
Ensalada de judías y cereales 109
Ensalada de manzana, higo y rúcula 95
Ensalada de patatas tardías de verano con judías verdes 106

Z

Zanahorias
Ensalada asiática de garbanzos 113
Paté de judías a la tailandesa 87
Paté de zanahorias y almendras 84
Sopa fácil de zanahoria y jengibre 168

Zumo de lima
Ensalada de judías y cereales 109
Ensalada de judías y col rizada con aliño cremoso de anacardos y lima 101
Parrillada de setas 202
Paté de judías a la tailandesa 87

Zumo de limón
Batido de melocotón y mango 37
Batido de plátano y piña 33
Bocadillos calientes de ensalada de setas 132
Ensalada de judías y cereales 109
Ensalada marroquí de pasta con judías blancas y tomates secos 143
Hamburguesas de setas Portobello 130
Hummus de pesto de albahaca 79
Salsa verde 58

Zumo de naranja
Aliño de naranja y miso para ensalada 54
Vinagreta de naranja y finas hierbas 53

SOBRE EL AUTOR

Del Sroufe ha trabajado más de veintitrés años en cocinas vegetarianas y veganas, y más recientemente como chef y copropietario del Wellness Forum Foods, un servicio de entrega de comidas y de catering que hace hincapié en los alimentos saludables y procesados mínimamente. Da clases de cocina y es el autor de *Better Than Vegan* y *For over Knives: the Cookbook*. También ha contribuido con sus recetas en el libro *Food over Medicine*, de los doctores Pam Popper y Glen Merzer.

SOBRE LEANNE CAMPBELL

La doctora LeAnne Campbell vive en Durham, en el estado de Carolina del Norte, y ha venido preparando comidas basadas en una dieta de alimentos integrales provenientes de plantas durante casi veinte años. LeAnne ha criado a dos hijos —Steven y Nelson, que ahora tienen veintiuno y veinte años de edad— con esta dieta. Como madre trabajadora que es, ha encontrado maneras de preparar comidas fáciles y rápidas sin utilizar productos animales o grasa añadida. Es autora superventas del *New York Times* por *El libro de cocina de El Estudio de China*, publicado por esta editorial, y editora de *The China Study All-Star Collection* (2014). Actualmente es la fundadora y directora ejecutiva del Global Leadership Institute (Instituto para el Liderazgo Global), un progama educativo dedicado a la comunidad, la cultura y el cambio, y de *Atravesando Fronteras*, un programa de justicia medioambiental que ofrece conferencias y formación en la República Dominicana.

ÍNDICE

Prólogo 7
Introducción 11
Ejemplos de planes de menús 15
    Plan de menús I 15
    Plan de menús II 19
    Plan de menús III 22
Lista de la despensa 27

RECETAS

DESAYUNO

Batido de plátano y piña 33
Batido cremoso de fresa 34
Batido de melocotón y mango 37
Batido de pan de plátano 38
Muesli 39
Muesli de manzana 40
Polenta fácil y cremosa 42
Barritas para desayuno de avena
    y pasas 43
Bollitos de pastel de boniato 44
Bollitos de manzana fresca 46
Pudin de arroz 47

SALSAS, ALIÑOS PARA ENSALADAS Y CONDIMENTOS

Vinagreta para todo 50
Aliño asiático para ensalada 51
Vinagreta de naranja y finas hierbas.....53
Aliño de naranja y miso para
    ensalada.......................................54

Salsa de cacahuetes casi instantánea 57
Salsa verde 58
Mayonesa básica.....................................59
Mayonesa de pimientos rojos.............60
Queso parmesano favorito del chef
    Del 62
Crema de especias picantes 63
Salsa de maíz y tomate con finas
    hierbas..64
Salsa barbacoa fácil de dátiles.............65
Salsa de dátiles y soja salteados............67
Puré de dátil en dos minutos 68
Puré de coliflor 70
Crema de azafrán 71
Salsa sin queso 73
Salsa Alfredo 74

APERITIVOS Y PATÉS VEGETALES

Hummus de pesto de albahaca............79
Paté de pimiento rojo asado.................80
Paté de judías blancas y miso...........83
Paté de zanahorias y almendras 84
Paté de judías a la tailandesa...............87
Falafel..88
Bocaditos de coliflor con salsa búfa-
    lo..91

ENSALADAS

Ensalada de espinaca fresca................94
Ensalada de manzana, higo y rúcula.....95
Ensalada de lechuga romana,
    naranja y miso 97
Ensalada de col rizada con aliño
    de naranja y miso 98
Ensalada de judías y col rizada
    con aliño cremoso de
    anacardos y lima..........................101
Ensalada caliente de col rizada
    con aliño de cacahuetes 102
Ensalada de patata con piñones,
    aceitunas y eneldo 105

Ensalada de patatas tardías de
    verano con judías verdes..............106
Ensalada de judías y cereales 109
Ensalada de garbanzos con
    vinagreta de tomates secos...........110
Ensalada asiática de garbanzos 113
Ensalada lujosa de garbanzos.............114
Ensalada de judías, naranja y
    aceitunas..................................115
Ensalada de frijoles de ojo negro 116
Ensalada de cebada fermentada
    con manzanas y nueces 117
Ensalada de pasta y sésamo verde 118
Ensalada con mayonesa de pimientos
    rojos..119
Ensalada de cacahuetes....................120

BOCADILLOS

Po' Boy con salsa Búfalo 125
Bocadillos de setas desmenuzadas 126
Burritos de setas a la parrilla............129
Hamburguesas de setas Portobello 130
Hamburguesas del suroeste 131
Bocadillos calientes de ensalada
    de setas...132

PASTA Y PLATOS COCINADOS

Fideos fríos con cacahuetes 136
Fideos con almendras.......................139
Fideos con naranja y miso.................140
Penne con salsa de maíz y tomate
    a las finas hierbas........................142
Ensalada marroquí de pasta con
    judías blancas y tomate secos 143
Salteado veraniego de penne.............145
Penne con lentejas rojas y acelgas 146
Pasta con judías blancas, nueces
    de pecán y estragón 149
Pasta con verduras y crema para
    untar de judías blancas y miso......150
Penne con salsa tailandesa de
    tomate y berenjena.........................152

Pasta con crema de azafrán 153
Penne con salsa cremosa de setas
    y eneldo......................................154
Pasta Alfredo..................................157
Macarrones con queso sin queso.......158
Patatas al horno sin queso.................161
Guiso de patatas con crema de aza-
    frán 162
Quinoa asada con crema de azafrán...165

SOPAS
Sopa fácil de zanahoria y jengibre......168
Sopa de maíz, tomate y albahaca
    fresca...169
Sopa de patatas y espinacas 171
Sopa asiática de fideos 172
Sopa Pho fácil 173
Sopa Mulligatawny 174
Sopa húngara de setas......................176
Sopa «chowder» cremosa de
    maíz y pimientos poblanos 177
Sopa de judías negras superfácil 178
Estofado de judías rojas de la isla 181
Sopa de pimiento rojo y boniato 182
Sopa bisque de tomate del suroeste...185

ENTRANTES
Cuscús con menta, piñones y
    garbanzos...................................188
Salteado de brécol, pimiento rojo
    y arroz integral 189
Curry de verduras y frutas 191
Quinoa y judías blancas con
    limón y aceitunas 192
Pastelitos de pimiento, maíz y qui-
    noa 193
Judías al estilo picante 194
Tortas polenta con crema
    de azafrán y espinacas 196
Tortitas de pimiento rojo, maíz
    y calabacín 197
Estofado mediterráneo de verduras...198

ÍNDICE

Ragú de berenjena tomate y
    aceitunas.....................................199
Costillas de berenjena confitada........201
Parrillada de setas............................202
Setas picantes..................................204
Cuenco de burritos 205
Buddha bowl de judías negras
    y quinoa...................................207
Cuenco de falafel............................208
Tacos de falafel 211
Tacos de setas..................................212
Tostadas...213
Coliflor a la parmesana.....................214
Pizza mediterránea de pita...............217
Pizza Alfredo de pita........................218

POSTRES

Pudin de boniato casi instantáneo 223
Crujientes de frutas gratinado 224
Bolitas de plátano y coco 225
Galletas alemanas de chocolate sin
    horno 226
Galletas de higo y pera.....................227
Galletas de avena y pasas...................228
Galletas de plátano y mantequilla
    de cacahuete 231
Polos de piña...................................232
Polos de judías rojas 234

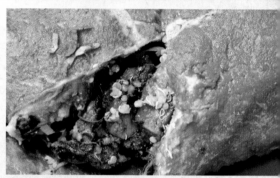

APÉNDICE

Símbolos dietéticos 237
Valores nutricionales 239
Índice temático 241
Sobre el autor 255
Sobre la editora................................257